獻給阿爸

以及總是沒有二話地支持、包容我的任性的

阿母、妹子與阿弟

慢遊濟州島

不走尋常路的祕境風景

黃小惠——著

放慢腳步，
用心感受濟州島的獨特美好

　　大概 2013 年吧，為了寫《跟著 Running Man 玩韓國》走跳韓國的期間，和 Vicky 閒聊萌生「下一本來寫濟州吧」的想法。那時的我還沒去過濟州島，卻不知道為什麼，直覺濟州島應該會對我的味。

　　從 2014 年春天初訪濟州島至今近 2 年，多次走訪濟州島，長則 1 個多月，短則 3 天，累積下來居然也在濟州島停留了 3 個月之久，拖稿期間不只一次以補點為藉口前往濟州島，次數頻繁到許多人問：你是有多愛濟州島？加上寫書和單純遊樂的目的大不同，因為《慢遊濟州島》，我體驗了人生第一次馬拉松（雖然只有 10 公里），挑戰單車環島，從來不是登山咖的我買了人生第一雙登山鞋，嘗試爬漢拏山（雖然還沒攻頂），更花近 1 個月走完 26 條偶來小路。

　　一個人在濟州島，特別是在偶來小路上，我哭過笑過，覺得開心也曾感到孤單，「關於未來」這類人生事在旅程中想過不下數十次。奉行「活在當下」價值觀的我，雖無法想像 3、5 年後的我會是什麼模樣，卻很明白不想過什麼樣的生活。因為濟州島，我明白了被大自然療癒的滋味，也因為濟州島，體會到很多時候享受過程比結果更重要。

　　2015 年初，我返回闊別 2 年半的職場，因適應生活上種種轉變，時間被忙碌的步調壓縮而無太多餘裕寫稿，在對編輯黃牛多次後，我心虛地不敢再承諾交稿期限，幾乎以為這本書會一直拖著難產了。世事變化果然難測，因為一些緣故促使我重新認真面對它，總覺得必須將這本書出版，才能給很多人交待，包括在 FB 粉絲團支持喊話、給我信心的網友，比我的編輯還積極催稿的同事，以及我最親愛的、永遠是我最安心後盾的家人。

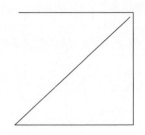

　　隨著年齡增長，心也隨境轉，我的旅行偏好以戶外自然景點為主，蘊含在地人文風情的老房子、大師特色建築總優先於美食、購物。為這本書上山下海、走遍荒郊野外的取材過程，對我來說一點都不苦，更多的是享受。我最感到抱歉的是美食資訊相對於景點來得不夠豐富。1 人獨自到餐廳用餐有諸多限制與障礙，多數要 2 人以上才供餐的烤肉店、海鮮店等都只能放棄，即使可 1 人用餐，也只能點 1 道主食（實在過不了明知吃不完卻多點餐浪費食物這關卡），我為此常面臨該點哪一道好的天人交戰。濟州美食何其多，加上以搭乘巴士方便前往為考量，也忍痛捨棄不少位在中山間區的餐廳。若你是以嘗遍在地美食為旅行重點的讀者，還請多多包涵（換個角度想，書中介紹的餐廳 9 成 5 都可 1 人前往）。如果你喜歡隨性點、挑戰多數韓國人推薦的餐廳，也可利用本書中 Daum Map 的使用教學，發掘符合自己喜好、行程順路的在地美食。

　　最後，感謝時報出版的信宏、蘊雯很有耐心地等待我，以及濟州駐臺觀光推廣辦事處的宜庭、濟州偶來事務局的盟凱給予協助，還有真愛界標竿、好友蘑菇二話不說大方授權照片使用。這本《慢遊濟州島》雖不是最完美，但希望它的出版，可以讓更多人放慢腳步，認識濟州島有別於韓國其他地方的獨特美好。

　　雖說覺得體力上還沒準備好而不敢貿然嘗試，但也算是刻意留了漢拏山白鹿潭的攻頂行程等待下次前往，因為我知道，《慢遊濟州島》的出版不是終點，我還會再訪濟州島，並且是很多次。

黃小惠
2016/02/29

/ 認識濟州島

行政區名稱：濟州特別自治道
面積：1,848 平方公里，海岸線長 530 公里，環島海岸公路總長約 220 公里
溫度：年平均 約 16℃
人口：約 60 萬

　　位於韓國南端 130 公里處、韓國最大火山島──濟州島，氣候濕潤，為韓國最溫暖的地區，因擁有大海、瀑布、絕壁、火山地質、洞窟、森林、四季花卉等美景，而有「東方夏威夷」之譽。濟州島之於韓國人，就像墾丁、花東之於臺灣人般，與「放鬆、度假、療癒」畫上等號，不僅是韓國第一旅遊景點，也是熱門的新婚蜜月勝地，其獨特的自然環境更被聯合國教科文組織指定為 UNESCO 世界自然遺產（漢拏山、拒文岳熔岩洞窟群、城山日出峰）、世界地質公園及生物圈保護區，也被選定為世界新 7 大自然奇觀。

　　同時擁有石頭多、風多、女人多的「三多島」，以及無偷盜、無大門、無乞丐的「三無島」之稱的濟州島，充分反應出當地的文化特色。濟州島在獨具優勢的地理條件下，是各種海鮮大本營，也培育出具地方代表性的黑豬、柑橘等特產，豐富的在地美食，總讓人怨歎為何只有 1 個胃。在濟州島，你可以自行開車、騎機車、包車、搭巴士，甚至走偶來小路遊覽，都各自擁有不同樂趣，加上星級飯店、休閒度假村、別墅、旅館、民宿等超過上千家的住宿選擇，可依個人喜好與預算選擇喜歡的住宿類型。自然風情與純樸人文的交融，讓人每次前往濟州島都有新鮮感受。

/ 前往濟州島

　　目前從臺灣直飛濟州航班僅復興航空，也可透過韓國國內航班前往濟州島。我因行程常同時前往首爾或釜山之故，主要利用韓國國內航線前往濟州。其中濟州航空「濟州─金浦／釜山」的航班密集，加上有繁體中文頁面方便訂位，成為我前往濟州最常搭乘的選擇。

□ 國際航線

復興航空

網站：www.tna.com.tw
航班：桃園—濟州，週二、三、五、六，
　　　各一航班。

□ 韓國國內航線

大韓航空

網站：www.koreanair.com
航點：金浦、釜山、光州、泗川、仁川、
　　　原州、浦項、清州、貴陽、群山、
　　　蔚山、麗水

韓亞航空

網站：flyasiana.com
航點：金浦、釜山、大邱、光州、泗川、
　　　仁川、浦項、務安、清州

真航空

網站：www.jinair.com
航點：金浦、釜山、清州

濟州航空

網站：www.jejuair.net
航點：金浦、釜山、大邱、清州

釜山航空

網站：rsvweb.airbusan.com
航點：金浦、釜山

易斯達航空

網站：www.eastarjet.com
航點：金浦、清州、群山

德威航空

網站：www.twayair.com
航點：金浦、大邱、光州、務安

╱ 濟州機場便利設施與服務

　　濟州機場每年接待超過 2,000 萬的旅客，僅次於仁川機場和金浦機場，是韓國第 3 大機場，每天除了迎接往返濟州的國內遊客，也有飛往中國、日本、臺灣等國際航線。

濟州國際機場（제주국제공항）

🏠 濟州市龍潭 2 洞 2002 號（空港路 2 號）제주시 용담 2 동 2002（공항로 2） ☎ 1661-2626 @ www.airport.co.kr/jeju 🚌 濟州機場離濟州市中心很近，搭乘計程車前往舊濟州市區車資約 ₩ 5,000~7,000，前往新濟州市區約 ₩ 4,000~6,000。在 Gate 2 有多班巴士前往濟州市區，在 Gate 5 則可搭乘 600 號客運前往西歸浦。

✦ 觀光諮詢服務處

國際線入境大廳：韓國觀光公社觀光案內所（09:00~18:00）

國內線入境大廳：濟州旅遊諮詢中心

國內線入境大廳：濟州偶來機場諮詢處（08:00~21:00）

簡易郵局：營業時間為平日 09:00~18:00，假日公休。

□ 行李寄存服務

CJ 大韓通運（대한통운）在機場 1 樓大廳提供行李保管服務，如有臨時寄放需求可考慮利用。營業時間：07:30~21:30

保管資費（僅供參考，依現場公告價格為準）

存放時間／大小	小，如相機包	中，如登機箱	大，如中大型行李箱
2hr	₩ 2,000	₩ 3,000	₩ 4,000
6hr	₩ 3,000	₩ 5,000	₩ 7,000
24hr	₩ 5,000	₩ 7,000	₩ 9,000

□ 外幣兌換

　　因多從首爾或釜山前往濟州，我幾乎沒在濟州兌換過韓幣，濟州市的換錢所主要在蓮洞（新濟州區），若住宿在舊濟州區需另外安排特地前往換錢所。如果沒有高額外幣兌換需求，建議可在機場直接兌換，方便又節省時間。除了一些小店、傳統市場，濟州島大部分餐廳和商店都可以刷信用卡。濟州機場銀行換匯營業時間如下：

新韓銀行機場分行
♪ 平日 09:00~16:00、假日 10:00~15:00

濟州銀行機場分行
♪ 平日 10:00~16:00、假日 10:00~16:00

濟州銀行換錢所（1 樓入境口、3 樓出境口）
♪ 配合飛機航班運行時間營業。

/ 手機上網

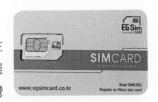

　　可透過事前網上預約（預約網址：roaming.kt.com），在濟州機場入境大廳 KT olleh 櫃檯領取手機、WiFi egg。也可選擇在臺灣租借 WiFi 上網分享器（早拿到先安心），或是臺灣電信商國際漫遊服務，避免抵達韓國後還要慌張處理手機上網事宜。我常用的方式是使用有韓國門號的 EG Sim 卡（即具有上網功能的易付卡），相對於 WiFi 上網分享器，EG Sim 卡的好處如下：

1. 費用較便宜：若是獨自在韓國停留超過 1 週以上的旅行，EG Sim 卡較符合經濟效益。WiFi 上網分享器約臺幣 200 元／天，EG Sim 卡上網數據流量 1G 為 ₩ 16,500（約臺幣 460 元），如使用 2 週，平均每天臺幣不到 40 元。

2. 僅換手機 Sim 卡即可，不需要多帶其他配件，可減輕隨身行李負擔。

3. 可透過手機 app 隨時查詢餘額與使用記錄，當語音通話費率或上網數據用畢時，可隨時上網充值。

4. 收訊不錯：我曾在濟州荒郊野外透過手機上網使用地圖定位功能，9 成 5 以上都可正常使用。（通常是行動電話收訊不良時無法使用）

5. 目前 EG Sim 在臺灣設有辦事處，提供臺灣取卡服務，不過因為不在韓國境內無法測試是否可正常上網，因此曾發生入境韓國後無法上網的情況，仍需親洽 EG Sim 服務處尋求解決。建議首次使用者選擇在韓國領卡，領卡後當下立即換卡測試，如有疑問可請店員協助處理。

□ 有一組韓國手機門號，可以用來......

1. 於當地有臨時聯絡需求，不需負擔國際漫遊通話費率，撥打 1330 也以國內通話費率計算。
2. 在訂購韓國國內航線機票時可做為聯絡電話，若航空公司有航班異動狀況，可以簡訊通知（我還真遇過一次）。
3. 我最常以此門號傳手機簡訊詢問住宿，每則簡訊（80 字左右）費用約 ₩ 50，比通話便宜又方便有效率。

相關詳細資訊可參閱 EG Sim：www.egsimcard.co.kr、egsimcard.com.tw

□ 請一定要知道它：旅遊諮詢電話 1330

在旅途中遇到景點、住宿、購物等任何問題，請多加利用「24 小時提供英、日、中文服務」的旅遊諮詢熱線 1330（手機請撥 +82 2 1330，但我曾以臺灣手機門號直撥 1330 也通了），來幫你解決旅程中的各種疑難雜症。

/ 暢行濟州島

韓國承認的國際汽車駕照僅限於日內瓦與維也納協約國所發給的駕照，由於臺灣並未加入上述組織，無法以「國際駕照」申請租車，因此這裡主要介紹包車、計程車、觀光巴士、長途客運等交通方式。

□ 包車

適合旅遊經費充裕、想把握時間前往多個景點的遊客，人數 2~4 人為佳（再多就要分兩車了），不懂韓文者可直接洽詢提供中文包車服務的司機，省去語言溝通的時間。包車參考費用：1 天（8 小時）為 ₩ 100,000~150,000。

我尚未體驗過包車旅行，一來是無旅伴可分攤費用，二來是我喜歡自主決定各景點停留時間（且行程常臨時變動），如有一位大叔在定點等你返回好前往下一個目的地，對

我來說是一種心理壓力，不過若是孝親之旅會考慮嘗試。

□ 計程車

　　因濟州市區、西歸浦市區範圍不大，如有旅伴同行，可考慮利用計程車在市區移動。濟州島計程車沒有分顏色，起跳價皆為₩ 2,800。在市區外較不容易攔計程車，如果不懂韓文或韓文不夠流利，可請鄰近店家幫忙叫車，直接講「call taxi」店家就會懂，因為司機大哥是專程前往載客，所以可能不會以跳表計費，叫車時會先詢問你的目的地後報車資給你，確認可以接受後才出車前往你所在之處。

　　如果略懂韓文，可透過「Kakao Taxi」app 定位叫車，使用步驟如下：
1. 在韓國境內下載 Kakao Taxi app，並以 Kakao Talk 帳號登入（需先註冊）。
2. 必須輸入韓國手機門號，始可完成註冊（所以 EG Sim 卡的門號就派上用場了）。
3. 以地圖定位顯示你的所在位置後，輸入目的地電話後確認叫車資訊。
4. 開始搜尋鄰近計程車數量，如遇司機有載客意願確認後，即完成叫車。
5. 完成叫車後即可看到車號、司機大名，並以地圖顯示該車目前所在位置，以及前往你的叫車位置預定所需時間。
6. 可看到計程車移動路徑，當計程車快抵達時再悠閒走出店家即可。
7. 抵達目的地、結束搭乘後，可以幫司機評分，最多是 5 顆星。

　　用此 app 比電話叫車更便利之處在於，不需開口講話即可完成叫車需求，司機在載客前即知道你要前往的目的地，加上有顯示司機大名與車號資訊，比較不會有繞遠路的情形（可以客訴或評較少星等）。我在濟州島曾利用此方式叫車好幾次，其中一次在漢東里海邊實在叫不到車所以認命去搭巴士。另有一次完成叫車後立刻接到司機電話，因為我當時所在位置在濟州市外巴士客運站，司機怕人多找不到我，所以撥電話再次確認。

□ 濟州觀光巴士

　　由濟州道政府推動的市區觀光巴士，想前往中山間的漢拏生態林、思連伊林道、澤木（寺泉）自然休養林、石頭文化公園（Eco Land 也在此站）等，可考慮利用濟州觀光巴士。車上提供英、日、中文的濟州觀光巴士介紹與行經景點資訊 DM（於濟州各地的觀光諮詢處、機場亦可取得）。
行駛時間：08:00~16:00，每天 8 班，每整點從濟州市外巴士客運站發車（12:00 停駛）。

出發地點：濟州市外巴士客運站前，可在其他 20 個車站自由上下車。

搭乘車資：成人₩ 1,200、青少年／兒童₩ 900，每次上車時付費（無免費換乘）。

行駛路線：濟州市外巴士客運站→濟州市廳→漢拏生態林→思連伊林道路口→4.3 和平公園→獐鹿生態觀察園→澤木（寺泉）自然休養林→濟州種馬飼養牧場→三多水林道→橋來十字路口→石頭文化公園（Eco Land）→奉蓋→國立濟州博物館→國際碼頭→沿岸碼頭→東門市場→觀德亭→西門市場→龍頭岩→濟州國際機場→濟州市外巴士客運站

□ 濟州黃金旅遊巴士

　　為服務外國旅客推出的「濟州黃金旅遊巴士」，隨車有精通英文或中文的導遊，並設有英、日、中的個人語音導覽系統。因行經濟州市區主要飯店，並且為當日可無限次搭乘的一日券，對外國旅客來說是很方便的選擇。

詳細資訊：www.jejugoldenbus.com/info/businfo.php
　　　　　（韓、英、日、簡中）

行駛時間：08:00~19:00（11~2 月時 08:00、19:00 停駛），每月第 3 個週一公休。每天 12 班，每整點於濟州歡迎中心前發車，於 21 處停靠站皆可自由上車。

搭乘車資：成人₩ 12,000，青少年／兒童₩ 10,000，上車時向司機購買，購票當天可無限次搭乘。

行駛路線：濟州歡迎中心→寶健路（THE 飯店）→濟州樂天城市飯店→濟州國際機場→濟州市外巴士客運站→濟州市廳（大學路）→三姓穴（濟州 KAL 飯店入口）→濟州民俗自然史博物館→沙羅峰（山地燈塔）→濟州國際客輪站→濟州沿岸碼頭→東門市場→觀德亭（牧官衙）→塔洞（濟州 Ramada Palza 飯店入口）→龍頭岩→漁泳海岸道路→觀德亭（牧官衙）→道頭峰入口→梨湖海邊→黑豬肉一條街→濟州道立美術館（神祕的道路、Love Land）→ 漢拏樹木園（Nexon 電腦博物館）→濟州 Grand 飯店入口（新羅免稅店）→濟州歡迎中心

□ 市外長途客運

　　在濟州自由行前往各大景點，一定要認識市外長途客運！在濟州市外巴士客運站、西歸浦市外巴士客運站、西歸浦市舊客運站，可在售票窗口購買車票後再上車。為避免沒零鈔／零錢，建議使用 T-Money 搭乘巴士，會方便許多。

市外長途客運的車資依搭乘距離分為 5 區間收費（600 號巴士除外），不論是投現或使用 T-Money，上車時要先向司機說明目的地，司機告知車資／設定車資費用後，再投現／使用 T-Money。告知目的地的另一個好處是可向司機再次確認有無搭錯車、或是否有經往你的目的地，如果擔心下錯站，也可請司機提醒。（有的司機見到外國遊客，會主動提醒到站、該下車了）

市外長途客運除 600 號機場巴士，主要分為 700+ 的直行路線，與 900+ 的邑面／中山間循環路線。透過 700+ 的長途客運，即可前往濟州島 9 成主要景點。900+ 的路線每天班次較少、班距長，且是循環路線比較繞路，不見得節省時間，我實際搭乘的次數很少，反而搭計程車更好，這裡就不詳列循環路線說明。

市外長途客運依區間別車資分為（機場巴士除外）：第 1 區間（₩ 1,300）、第 2 區間（₩ 1,800）、第 3 區間（₩ 2,300）、第 4 區間（₩ 2,800）、第 5 區間（₩ 3,300），主要路線說明如下。

巴士	主要路線	班距資訊	備註
600	機場巴士：濟州國際機場←→中文觀光園區←→西歸浦 KAL 飯店	06:20~22:00 班距約 20 分鐘	從機場直接前往中文觀光園區、舊西歸浦，車資約₩ 5000
701	東海岸：濟州市外巴士客運站←→城山←→西歸浦市外巴士客運站	05:40~21:00 班距約 20 分鐘	金寧、月汀里、細花、城山、表善、南元等東海岸各點
702	西海岸：濟州市外巴士客運站←→翰林←→西歸浦市外巴士客運站	05:40~21:00 班距約 20 分鐘	涯月、郭支、翰林、翰京、大靜、安德等西海岸各點
710 710-1	繁榮路：濟州市外巴士客運站←→城山碼頭	06:25~20:35 班距約 1 小時	710-1 經山君不離
720 720-1	繁榮路：濟州市外巴士客運站←→城邑←→表善民俗村	06:10~21:30 班距約 20 分鐘	720-1 經山君不離
730 730-1	南朝路：濟州市外巴士客運站←→南元←→西歸浦市外巴士客運站	06:00~21:20 班距約 20 分鐘	
740	1100 道路：濟州市外巴士客運站←→靈室←→中文三叉路口	06:30~16:00 班距約 1~1.5 小時	漢拏山御里牧路線、靈室路線
750-1~4	平和路：濟州市外巴士客運站←→東光←→摹瑟浦	06:00~21:25 班距約 20 分鐘	
755	英語教育城市：濟州市外巴士客運站←→英語教育城市←→摹瑟浦	06:00~20:40 班距約 40 分鐘	O'sulloc、Innisfree Jeju House
770	濟州大學←→涯月	07:40~20:10 約 1~1.5 小時	
781 781-1~2	516 道路：濟州市外巴士客運站←→城板岳←→西歸浦中文洞	06:00~21:40 班距約 15 分鐘	漢拏山城板岳路線
782 782-1~2	中文高速化：濟州市外巴士客運站←→中文←→西歸浦中文洞	06:00~21:40 班距約 15 分鐘	

＊ 781 和 782 的行駛路線一樣，差別在順時針或逆時針環狀行駛，如從濟州市直接前往舊西歸浦市，搭 781 的車程會較 782 稍短。

濟州市外巴士客運站是濟州島最大的長途客運／市區巴士的轉乘站，從這裡發車、前往濟州島各大主要景點多達 8 成，只要熟悉濟州市外巴士客運站，搭乘長途客運的挑戰立刻大致上手。西歸浦市外巴士客運站位於新西歸浦，如果活動範圍多在舊西歸浦，會比較常在「中央路圓環（중앙로터리）」或「舊客運站（구 터미널）」搭車或轉乘。

濟州市外巴士客運站

濟州市外巴士客運站（제주시외버스터미널）

🏠 濟州市 吾羅 1 洞 2441-1 號（西光路 174 號）제주시 오라 1 동 2441-1（서광로 174）📞 064-753-1153

西歸浦市 舊 市外巴士客運站（서귀포시 구 시외버스터미널）

📍NH 農協銀行（NH 농협은행 광장지점）🏠 西歸浦市 西歸洞 299-1 號（西門路 1 號）서귀포시 서귀동 299-1（서문로 1）📞 064-762-5001 🏧 簡稱「舊客運站（구 터미널）」，離舊西歸浦轉乘中心「中央路圓環（중앙로터리）」站約 100 公尺。

西歸浦市外巴士客運站（서귀포 시외버스터미널）

🏠 西歸浦市 法環洞 843 號（一週東路 9217 號）서귀포시 법환동 843（일주동로 9217）📞 [D]064-739-4645

在市外巴士客運站與市區巴士站多設有巴士到站顯示設備。

除了使用 Daum Map app 了解巴士動態，巴士站也可掃描 QRCode 搜尋該站巴士即時到站動態。懂韓文的也可利用濟州市外巴士時間表等 app，事先了解長途客運的預估到站時間。

╱ 不懂韓文之搭乘市區巴士／長途客運攻略

* 請使用 T-Money，搭乘市區巴士／長途客運不需聽懂車資多少，只要上車後嗶嗶就好。
* 請教懂韓文的朋友，事先了解目的地站的韓文發音，聽音辨位，利用車上的語音報站系統在正確站別下車，亦可搭配地圖 app 定位功能確認是否快到目的地，避免下錯站。

- 搭乘市區巴士（行駛路線主要在濟州市區、西歸浦市區的巴士），一律前門上車、後門下車，上下車都要感應 T-Money，不需告訴司機你要去哪裡。
- 搭乘市區巴士／長途客運下車感應 T-Money 的目的在於，若半小時內轉乘巴士，可享轉乘優惠。
- 搭乘長途客運一律前門上下車，因為有只有一個門。
- 搭乘長途客運準備上車前，以韓文備妥目的地站名。用手卡或手機顯示都可，字體大小以手機螢幕大小為佳，方便司機一目了然，以免耽誤後面乘客上車時間。

用地圖 app 輕鬆遊濟州

　　韓國兩大入口網站 Naver、Daum 都有地圖服務（並有 app），兩者各有所長，本書主要推薦使用 Daum Map，原因有二，一是地圖直接顯示巴士站圖示（Naver Map 需另從選單點選），手指點巴士站即可知道站名、在該站靠站的巴士號碼；另一原因則是地圖上有以藍虛線顯示 26 條偶來小路路徑，以及每條偶來的編號、各蓋章處，方便隨時定位確認是否還在路徑上、距離中間點／終點還有多遠。

　　雖然地圖目前只有韓文，完全不懂韓文也不要擔心，請跟著以下說明學會使用地圖幾項基本功能，絕對可以讓你在濟州島玩得更輕鬆順利！

□ 目的地搜尋、定位

　　很簡單，在搜尋欄位輸入景點、店家電話即可。濟州島的電話區域碼為 064 開頭，如遇 010 開頭即為手機號碼（我就是利用店家手機號碼傳簡訊訂房），一樣可以定位。

　　搜尋結果顯示後請比對店名與地址資訊是否相符，以免遇到有些景點會登記同一公家管理處的電話，或是店家搬家、歇業。問路時，也可以此搜尋結果給韓國人看，搭長途客運／計程車時，直接讓司機看你要前往的目的地。

　　為方便設定，本書中的電話均可直接輸入 Daum Map 或 Naver Map 定位，少數店家或景點在兩個地圖網站登記的電話不同，則以 [D]／[N] 表示在哪個地圖使用哪支電話定位。每條偶來小路的起點亦另提供鄰近店家作為定位參考（定位後請以蓋章圖示的起點做為實際目的地）

□ 尋找鄰近餐廳、郵局

　　在選單裡選「搜尋」（放大鏡圖示），即會出現一排圖示，包含餐廳、巴士站、

地鐵站、住宿、咖啡廳、郵局等，點選需求圖示後，會顯示距離目前所在位置遠近的搜尋結果，可以此找出最近的餐廳、郵局（買郵票、寄 EMS）等。

我曾用此方式找餐廳，並同時參考評價星星數、評價數，如畫面顯示「24 건｜리뷰 6」，即表示有 24 件（건）評價、6 篇 review（리뷰，食記文章）。再點進該店資訊，即會顯示營業時間（이용시간）、照片（포토），點選照片的下方的「더보기（看更多）」即可參考網友分享的該店主打餐點。

□ 掌握巴士站資訊

點巴士站圖示即會出現站名，並在下方顯示在該站靠站的巴士號碼、即將到站巴士的預估時間，進一步點巴士站名文字，會進入下一頁面顯示各巴士路線資訊，再個別點巴士路線，即會顯示該巴士行經站別。如果已知道前往下一個目的地要搭乘哪班巴士，可以此方法掌握巴士到站狀態。

□ 交通方式與時間預估

在搜尋欄位輸入目的地景點、店家電話後，點選店名右邊的箭頭，即會顯示交通方式的搜尋欄位，上方為出發地、下方為目的地，剛剛搜尋顯示的店家會出現在目的地欄位。

按下「搜尋」，即會出現各種場所搜尋圖示。

顯示巴士路線行經站別畫面。

在出發地欄位，比較用得到的是「현재 위치（現在位置）」與「지도에서 선택（在地圖選擇）」，中間的「즐겨 찾기（收藏夾）」需註冊 Daum 帳號、登入後方可使用。

若不以現在位置為出發點，或已知出發地在哪又懶得輸入電話時（如機場、市外巴士客運站），可將標的移至出發地後點游標上方的「출발지 선택（出發地選擇），或輸入店家電話設定目的地。

出發地與目的地設定完成後，點選下方的轎車（左）、大眾交通（中）、步行（右）圖示，即會顯示搜尋結果。點轎車可知道車程時間與計程車資預估，作為搭計程車前往的參考；選擇大眾交通搭乘資訊，我會以巴士班次多、不需轉乘者為優先搭乘選項；點步行則會顯示步行距離與所需時間。（P20 ～ 21 圖片來源：Daum Map）

如果是一般巴士可前往目的地，可利用此搜尋結果掌握巴士到站動態。

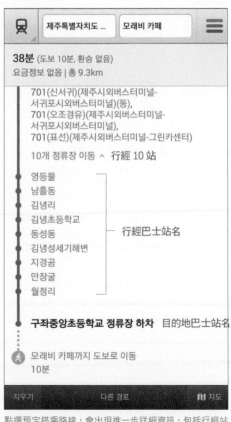

點選預定搭乘路線，會出現進一步詳細資訊，包括行經站數與站名，可以此資訊比對巴士上的報站系統，幫助掌握行經站別狀況。

/ 行程規畫建議

　　濟州島有很多主題展館，這些主題展館在網路上較易取得分享資訊，官網的簡介、票價、交通方式等介紹也完整，所以在此不多加琢磨，把焦點集中在吸引我一而再、再而三走訪濟州島的自然景點。第 1、2 次去濟州該如何安排行程？出發前的資料蒐集與研究準備很重要，建議掌握以下幾個原則，並參考行程安排評估表篩選出個人偏好的類型景點後，再將地緣之便或搭乘巴士順路的美食餐廳、特色咖啡廳安排進去，規畫出獨屬於你的最佳行程！

□ 基本景點優先

　　如果是第 1、2 次前往濟州自由行，停留時間約 4~5 天者，可優先考慮「初遊推薦」景點，這些均為「沒去過 XXX，等於沒去過濟州」的景點，包含傳統人文、自然美景、世界遺產、特色展館等，一次感受到濟州的萬種風情。

　　除非已去過 2~3 次以上，或停留時間超過 1 週，建議就住濟州市區別換宿，來一趟搭巴士、散步之慢遊濟州島吧。

□ 市區、海岸線優先

　　市區有很多基本景點與人氣餐廳、逛街商圈，密集的巴士網絡方便遊客前往，即使是搭乘計程車也可輕鬆前往目的地（車程短、車資不會太貴）。東、西海岸眾多自然景點與特色店家，只要利用縱橫海岸線的 701、702 號巴士即可前往，對於不懂韓文的外國遊客來說，搭乘巴士的門檻稍低，如時間許可，再另安排半天前往 O´sulloc 綠茶博物館、Innisfree House，或是安排 1 日遊前往山君不離、Eco Land 主題公園、思連伊林蔭道等中山間景點。

□ 掌握巴士搭乘資訊

　　為降低外國遊客搭乘巴士門檻，濟州長途巴士的規畫一直都有在修正，如原本走海岸線的 700 號巴士，依東／西海岸分為 701 號／ 702 號，行駛中山間的 780 號巴士，依路線方向調整為 781 號／ 782 號。每隔幾個月去一趟就會發現又更貼心了一點。因此每次抵達濟州市外巴士客運站，我會先把全部巴士發車時間表全部以手機拍下，然後根據該趟預定要去的景點，先看好要搭乘幾號巴士、預定搭幾點的班次、行車時間大約多久。（有濟州長途客運時間表的 app 可下載，不過目前僅推出韓文版）

當然最重要的，學會使用 Daum Map 基本功能，絕對可以幫助你搭巴士遊濟州更加便利。如果曾在首爾、釜山有過搭巴士的經驗，那就更容易上手了！

□ 不要太緊湊，並要有備案

下雨怎麼辦？人氣餐廳要等半小時以上怎麼辦？個性小店突然店休怎麼辦？前往離島的船沒開怎麼辦……行程中難免遇到突發狀況，如碰上了，請勿惱火，因為還滿常發生的，我也見怪不怪了。就調整計畫去別的景點或店家吧，可前往室內主題展館，或找家咖啡廳望海發呆等雨停。完全照表操課的人生未免無趣了點，誰曉得會不會有哪個美麗插曲就在轉彎處遇上呢？

□ 冬天適合去濟州島嗎？

濟州島冬季均溫 5~10℃。我曾在 12 月中下旬、2 月初前往濟州，冬天的濟州海邊景致與其他季節並無太大差異，天晴時一樣是耀眼的蔚藍，白天在平地只遇過 1、2 次短暫下雪，但海拔較高的中山間完全就是雪之國度。一年四季前往濟州島，有各自不同的體驗和感動，若想看雪景但又不想因積雪而行動不便，濟州島絕對是一石二鳥的選擇。

□ 若愛上，就隨興所至

如果有機會遊濟州 3 次以上，濟州地理位置分布已有基本概念，可安排在不同季節前往同一景點，或依個人偏愛的主題來安排行程：賞花、島外島、爬漢拏山、建築之旅、體驗特色咖啡廳或 guesthouse（濟州島的特色 GH 大多不在市區），都是不錯的選擇。若停留天數長，非常推薦去走偶來小路。

/ 行程安排評估表

推薦指數：前往該景點的旅遊吸引力，第 1、2 次前往濟州者，可優先考慮初遊推薦景點，部分主題展館則視個人喜好再決定是否前往。

參觀時間：以參觀景點預估建議停留時間，部分景點則視是否用餐情況而異。

地區	名稱	推薦指數	停留時間	頁次	備註
濟州市	東門傳統市場、中央路商街	★★★★★	2~4hr	28/30	初遊推薦
	濟州牧官衙	★★★	0.5~1hr	33	
	西門市場、濟州鄉校	★★★	0.5~1hr	36/37	
	龍淵、龍頭岩	★★★★	1~1.5hr	38/39	初遊推薦
	龍潭海岸咖啡街、梨湖海邊	★★★★★	1~3hr	40/42	初遊推薦
	大學路商圈	★★★★★	1~3hr	46	初遊推薦
	三姓穴、濟州民俗自然史博物館	★★★	1~2hr	48/49	
	都盟伊胡同	★★★	0.5~1hr	53	
	國立濟州博物館	★★★	1~1.5hr	54	
	寶健路行人徒步街	★★★	1~3hr	56	視購物狀況而異
	濟州民俗五日市場	★★★★	1~2hr	58	特定日期
	Nexon 電腦博物館	★★★★	1~3hr	60	
	漢挐樹木園	★★★	1~2hr	61	
	濟州道立美術館、神祕的道路	★★★	1~2hr	62/63	
西歸浦市	西歸浦每日偶來市場	★★★★★	1~2hr	66	初遊推薦
	李仲燮街、李仲燮美術館	★★★★	1~3hr	68/69	初遊推薦
	天地淵瀑布	★★★★	1~2hr	71	初遊推薦
	鳥島與新緣橋	★★★★	0.5~1hr	72	初遊推薦
	獨立岩	★★★★	0.5~1hr	72	初遊推薦
	正房瀑布	★★★	0.5~1hr	73	
	牛沼河口	★★★★	0.5~2hr	74	初遊推薦
中文觀光園區	天帝淵瀑布	★★★★	0.5~1hr	78	初遊推薦
	Play K-POP 博物館	★★★★★	2~3hr	80	初遊推薦
	中文大浦海岸柱狀節理帶	★★★★	0.5~1hr	82	初遊推薦
	中文穡達海邊	★★★★	0.5~1hr	83	
	如美地植物園	★★★	1~2hr	84	
東海岸	北村石頭爺爺公園	★★★★	1~1.5hr	88	
	萬丈窟	★★★★	1~1.5hr	90	
	金寧迷宮公園	★★★★	1hr	91	
	月汀里海邊	★★★★★	1~3hr	94	初遊推薦
	海女博物館	★★★	1~1.5hr	98	
	城山日出峰	★★★★★	1~2hr	104	初遊推薦
	沙地可支、Genius Loci	★★★★★	1~3hr	105/107	初遊推薦
	金永甲藝廊頭毛岳	★★★★	1hr	108	
	風可支壁畫村	★★★	1~1.5hr	111	
	濟州民俗村博物館	★★★★	1.5~2hr	112	

地區	名稱	推薦指數	停留時間	頁次	備註
西海岸	漢潭海岸散步路	★★★★★	1hr	123	初遊推薦
	挾才海邊	★★★★★	1~3hr	128	初遊推薦
	翰林公園	★★★	1.5~2hr	131	
	月令里仙人掌自生地	★★★★	0.5~1hr	132	
	新昌風車海岸道路	★★★★	1~1.5hr	133	
	水月峰	★★★★★	1hr	134	
	松岳山	★★★★★	1~1.5hr	136	
	山房山、龍頭海岸	★★★★★	1.5~2hr	137/138	初遊推薦
	安德溪谷	★★★★	0.5hr	140	
中山間	漢拏山國立公園	★★★★★	2~8hr	144	因路線而異
	漢拏生態林	★★★★	1~1.5hr	150	
	濟州馬放牧場	★★★★	0.5~1hr	150	
	寺泉自然休養林	★★★★	1~1.5hr	151	初遊推薦
	獐鹿生態觀察園	★★★	0.5~1hr	151	
	濟州石文化公園	★★★★	1.5~2hr	152	
	Eco Land 主題公園	★★★★★	2~3hr	153	初遊推薦
	思連伊林蔭道	★★★★★	2~3hr	155	初遊推薦
	山君不離	★★★★★	1~2hr	156	初遊推薦
	拒文岳	★★★★	2~3hr	157	
	月朗峰、龍眼岳	★★★★★	2~3hr	158/159	
	榧子林	★★★★★	1~2hr	160	
	Maze Land	★★★★	1.5~2hr	161	
	濟州馬體驗公園	★★★	1~1.5hr	162	
	城邑民俗村	★★★	1~3hr	163	
	涯月小學多樂分校	★★★★★	1~1.5hr	164	拍照名點
	曉星岳	★★★★★	1~1.5hr	165	
	聖依西多牧場	★★★★	1~1.5hr	166	拍照名點
	楮旨藝術村、濟州現代美術館	★★★	2~3hr	167	
	O'sulloc、Innisfree House	★★★★★	2~3hr	170	初遊推薦
	方舟教會	★★★★	0.5~1hr	173	建築設計
	本態博物館	★★★★	2~3hr	174	
	Camellia Hill	★★★★★	2~3hr	176	初遊推薦
島外島	牛島	★★★★★	6~8hr	180	初遊推薦
	飛揚島	★★★★★	3hr	184	配合回程船班
	加波島	★★★★	2hr	186	配合回程船班
	馬羅島	★★★★	2hr	188	配合回程船班
	楸子島	★★★★	6~8hr	190	配合回程船班

濟州市

제주시

　　大多數人展開濟州旅行的第一站，就是距離濟州機場僅 10 分鐘車程的濟州市。濟州市中心一般分舊濟州區和新濟州區，以濟州市廳為中心的舊濟州地區，北從濟州港、中央路商圈、東門市場，西至濟州市外巴士客運站，加上位於市廳周邊、年輕人聚集的大學路商圈，因較早開發，是濟州島居民密度最高區域，也是濟州島最大、最繁華的商業圈。初次前往濟州自由行、旅行天數 4~5 天者，建議住宿此區，除了方便逛街、享用美食，便利的大眾巴士與客運系統，也利於放射線狀的行程規畫。

　　新濟州區一如其名，是比舊濟州區較晚開發的新興區域，濟州道廳行政中心即在此區。除了有許多大型商場、觀光飯店與醫院，繁華的寶健路步行街是廣受國外遊客喜愛的購物區。因鄰近機場，團體旅行多安排住宿於此。

舊濟州必訪的主要景點以中央路商圈為中心，可搭乘 2、3、5、6、7、10、28、36、37、43、87、92、100、500、1003 號巴士在「中央路十字路口（중앙로 사거리）」站下車，步行前往  東門市場、中央路地下街、七星路購物街，往北可達黑豬肉街、西碼頭生魚片街及可看海景的塔洞廣場。如果腳程好一點，往西可到西門市場、濟州鄉校，接著再往西北前進就是龍淵、龍頭岩。（從龍頭岩海邊散步到龍潭海岸咖啡街、梨湖海邊，路長約 7km）。

東門傳統市場

동문재래시장 ┃ 🛍

傳統市場是許多人喜愛的行程，而濟州島必逛又方便前往的傳統市場，非東門市場莫屬。這裡是濟州最大的傳統市場，除了當地人愛逛，也吸引外來遊客。此處生鮮蔬果、肉類海鮮、生活用品、小吃餐飲等一應俱全，尤其是濟州島很多必吃小吃，如濟州橘巧克力、濟州爺爺雞蛋糕、漢拏峰果汁、小米紅豆糕（오메기떡）、濟州蜜糖麵包（올레꿀빵，麵包包入紅豆沙餡、添加蜂蜜，外面裹上果仁），都能在此嘗到。我每次經過總會忍不住繞進去買個糖餡餅、柑橘或市場小吃來一解嘴饞。

▲ 第 1 季《爸爸去哪兒？》中，俊俊兄弟檔拍照後，遺忘了外帶的炸醬麵的山地川廣場（산지천마당），就在東門市場圓環旁，這裡也是偶來小路 18 號的起點。

▲ 午、晚餐不知道要吃什麼？往東門市場裡鑽鑽看吧！來到海島一定要嘗嘗海鮮的美味！此處因為外國遊客多，中國遊客也不少，不用擔心點餐問題，菜單的主要餐點都有附註中文。

東門傳統市場　동문재래시장

🏠 濟州市 二徒 1 洞 1436-7（東光路 14 街 20）제주시 이도 1 동 1436-7（관덕로 14 길 20）🕐 07:00~21:00（視各攤位而異）📞 064-752-3001 @ dm.market.jeju.kr（韓）

東海水產魚中心　동해수산회센타

🏠 濟州市 一徒 1 洞 1103 號（東門路 4 街 9 號）제주시 일도 1 동 1103（동문로 4 길 9）📞 064-755-4745

胡同食堂　골목식당

▲▶ 想吃點特殊料理、或是喜歡麵食，可以到東門市場旁的胡同食堂，這家有 40 年歷史的刀削麵店，扎實有嚼勁、湯頭濃稠的蕎麥麵，分量大到我吃不完！烤山雞肉也是招牌。

🏠 濟州市 二徒 1 洞 1374-1 號（中央路 63-9 號）제주시 이도 1 동 1347-1（중앙로 63-9）🕐 11:00~20:30 💲 蕎麥麵（메밀국수）₩ 6,000，烤山雞（꿩구이）₩ 20,000 📞 064-757-4890

中央地下商街

중앙지하상가 | 🛍️

結束白天行程、飽餐一頓後，來逛街散步幫助消化吧！中央路商圈地面上和地面下都有得逛。長約 400 公尺的地下街是以中央路為中心翻新改建而成，有服飾、鞋子、包包、美妝保養品、輕食等 280 餘間店面入駐，且各出入口旁設有顧客休息區，是濟州島唯一的地下街，如果逛完東門市場或是遇雨天，就到此血拼吧！

從位在中央地下商街 3 號出口旁的觀德路 11 街（관덕로 11 길）進去，也是一條購物街，直走約 100 公尺、Nike 旁的橫向街道即為七星路購物街。七星路購物街長約 400 公尺，是無車輛行駛的行人徒步區，Nike、Crocs、Top Ten、BEANPOLE、Tommy Hilfiger、FOLDER、ARTBOX 等都有在此設立門市。

▲ 七星路購物街是行人徒步區，逛起來舒服方便。

▲ The Islander 位在七星路購物街上，販賣濟州風景明信片、偶來紀念品、當地藝術家創作的濟州文創小物，是非常有當地特色的主題商店。

▲ The Islander 對面的 Like It，是一家小而美的個性書店，除了生活休閒類書籍，也同時銷售文創文具小物。

▲ 《爸爸去哪兒？》中俊俊兄弟檔吃炸醬麵的餐廳，就是中央路商圈巷弄裡的開苑飯店。

中央地下商街　중앙지하상가

🏠 濟州市 一徒 1 洞 1425-3 號（中央路 60 號）제주시 일도 1 동 1425-3（중앙로 60）🕐 11:00~21:00（依店家營業時間而異）📞 064-752-8776

The Islander　더 아일랜더

🏠 濟州市 一徒 1 洞 1217 號（七星路街 41 號）제주시 일도 1 동 1217（칠성로길 41）🕐 11:00~20:00，週三公休 📞 010-8971-5562 @ www.the-islander.co.kr（韓）

Like It　라이킷

🏠 濟州市 一徒二洞 1215 號（七星路街 42-2 號）제주시 일도 1 동 1215（칠성로길 42-2）🕐 12:00~20:00，週三公休 📞 010-3325-8796 @ www.facebook.com/likeit.jeju

開苑飯店　개원반점

🏠 濟州市 一徒 1 洞 1352 號（觀德路 13 街 8-2 號）제주시 일도 1 동 1352（관덕로 13 길 8-2）📞 064-753-1485 $ 炸醬麵（자장면）₩ 4,500、三鮮炒碼麵（삼선짬뽕）₩ 7,000

Ganse Lounge

간세라운지 I 🛍️

位在中央路商圈的 Ganse Lounge，店名來自濟州島特有的矮種馬「Ganse」（音譯：甘穗），是濟州偶來於 2015 年 9 月開始營運的複合式休憩空間，主要提供濟州當地食材製作的濟州料理與輕食，以及咖啡、茶、含酒精飲料。在此也能買到濟州偶來紀念品、體驗偶來小馬手作，無論是否會去走偶來小路，都可去瞧瞧。

🏠 濟州市 一徒二洞 1448 號（觀德路 8 街 7-9 號）제주시 일도 1 동 1448 (관덕로 8 길 7-9)
🕐 09:00~20:30（隨著季節變化而調整）、偶來小馬製作體驗 13:00~20:00，春節初一、中秋公休 💲 咖啡等飲料 ₩ 3500~7,000、餐點 ₩ 5,000~8,000 📞 070-8682-8651

▲▶ Photo by Jeju Olle

濟州牧官衙

제주목관아 | 📷

史蹟第 380 號的濟州牧官衙,是朝鮮時代濟州道的政治行政中心,「牧」是高麗和朝鮮時代的行政區域稱謂,「牧使」即為治理「牧」的正三品文官,如同現在的縣、市長。官衙內主要設施有東軒、內衙建築物等,在日據時代(1910~1945 年)受到嚴重破壞,幾乎無留下任何痕跡。現在看到的濟州牧官衙,是透過挖掘出的遺物和相關文獻資料,經專家考證建築構造原貌後,於 2002 年復建完成。

位於濟州牧官衙外的觀德亭(관덕정)被指定為第 322 號寶物、為濟州歷史最悠久的建築物之一,是牧使辛淑晴於世宗 30 年(1448 年)為訓練士兵所創建,以單層八作屋頂與長長的屋簷為主要特徵,現為濟州市民和遊客的休憩好去處。

▲ 「觀德亭」意為「射箭的人平常要端正心思,培養出眾的德行」,匾額則是由安平大君親手題字。

🏠濟州市 三徒 2 洞 30-1 號(觀德路 7 街 13 號)제주시 삼도 2 동 30-1 (관덕로 7 길 13) 🕘 09:00~18:00 💲成人₩ 1,500、青少年₩ 800、兒童₩ 400 📞 064-728-8665

黑豬肉街

흑돼지거리 | 🍴

來到濟州第一必吃的在地美食當屬烤黑豬肉！從山地川廣場旁的 Issac Toast 左邊巷子直走約 200 公尺，經過七星路購物街，即可到達黑豬肉街。黑豬是生長於濟州島的特有品種豬，以全身發亮的黑毛、臉小嘴長為主要特徵，肉質吃起來比其他豬肉更柔嫩，外皮含有豐富蛋白質，味道清爽，完全是人間美味！如果時間有限無法專程前往知名烤黑豬肉餐廳，「黑豬肉街」是最方便的選擇，挑一家對眼的走進去就對了。獨自旅行的我本來還擔心一個人不能點餐，後來發現這裡的餐廳幾乎都有一人也可大快朵頤的烤黑豬肉，而且菜單都有中文，就放心大膽地走進去吧！

豚香氣 돈향기

🏠 濟州市 健入洞 1384 號（觀德路 15 街 30 號）제주시 건입동 1384（관덕로 15 길 30） 🕐 15:00~02:00 💲 烤黑豬肉（제주흑돼지）₩ 16,000 📞 064-724-0228

西碼頭生魚片街

서부두 횟집거리 | 🍴

從黑豬肉街走到底右轉直走 50 公尺、遇路口左轉直走，即來到西碼頭生魚片街。這條距離碼頭不到 200 公尺的小街聚集了 20 多家生魚片店。從 60 年代開始，濟州海女會將剛捕獲的鮑魚、海參、海螺等海鮮拿到此販賣，西碼頭生魚片街因此逐漸成形。雖然現在這種景象已不復見，仍可盡情品嘗海鮮。由於這裡是外國遊客觀光區，用中文點餐也不是問題。

▲ 塔洞廣場（탑동광장）位於濟州市北部海邊，臨近濟州港、西碼頭生魚片街，是欣賞海景的方便選擇。

美風醒酒湯

미풍해장국 | 🍴

韓國人喝酒後的隔天早上或中午，會吃醒酒湯來解宿醉，醒酒湯種類很多，清淡好入口或重口味幫助清醒（辣醒？）的都有，不過共同特點是均以湯飯為主，方便宿醉的人呼嚕嚕吞下肚。美風醒酒湯是經營 40 年、濟州有名的醒酒湯老店。醒酒湯中放入牛肉、牛血（類似臺灣的豬血、鴨血）、蔬菜與辣椒油，邊吃辣勁漸漸襲來，實在很醒腦（舌頭也麻了），這時趕緊來一口酸酸的水蘿蔔泡菜，平衡一下湯頭的辣勁吧！

🏠 濟州市 三徒 2 洞 143-2 號（中央路 14 街 13 號）제주시 삼도 2 동 143-2 (중앙로 14 길 13) 🕐 05:00~15:00 💲 醒酒湯（해장국）₩ 7,000 📞 064-758-7522

西門市場

서문시장 | 🛍

西門市場在 1954 年與東門市場一起建成，當時與濟州民俗五日市場並稱濟州三大市場之一，經過 1980 年現代化建設被拆除改建後，現今西門市場的腹地和人潮雖不如東門市場，但仍滿足了臨近居民生活採購之需。特別的是，西門市場裡有 3 家專賣濟州產豬肉、黑豬肉和牛肉的肉鋪，客人可以在這裡買肉，拿去烤肉店烤來吃。名聲逐漸傳開後，現在西門市場內已有超過 10 間這樣的餐廳，餐廳只收取每 4 人 ₩ 10,000 的座位費，成為西門市場的特色。

▲ 第 1 季《爸爸去哪兒？》中，尹厚和智雅在西門市場旁吃的多汁炸雞，就是這間。

西門市場 서문시장

🏠 濟州市 龍潭 1 洞 135-9 號（西門路 4 街 13-2 號）제주시 용담 1 동 135-9 (서문로 4 길 13-2) 🚌 搭乘 6、7、9、17、30、36、37、70、87、90、500、1003 號巴士在「西門市場（서문시장）」站下車。🕐 08:00~20:00 💲 免費 📞 064-758-8387

白楊炸雞 백양닭집

🏠 濟州市 龍潭 1 洞 157-6 號（西門路 6 街 7 號）제주시 용담 1 동 157-6 (서문로 6 길 7) 📞 064-758-9822

濟州鄉校

제주향교 | 📷

鄉校是高麗和朝鮮王朝時期成立的學校，主要為兩班貴族、統治階級的子女準備將來科舉考試的教育場所。濟州鄉校建立於朝鮮太朝元年（1392 年），內部有明倫堂、大成殿、啓聖祠等建築。明倫堂為講堂，即現今的教室。大成殿以孔子為主，供奉著孔門 10 哲，宋朝 6 賢及韓國 18 賢，每年春秋會舉行祭典。啓聖祠建於哲宗 5 年（1854 年），主要供奉 5 位聖賢的靈牌。

🏠 濟州市 龍潭 1 洞 298-1 號（西門路 47 號）
제주시 용담 1 동 298-1（서문로 47）🚌 搭乘 6、7、9、17、30、36、37、、70、87、90、500、1003 號巴士在「濟州中學／濟州鄉校（제주중학교／제주향교）」站下車；此景點距西門市場約 200 公尺，可步行前往。🕐 08:00~20:00 💲 免費 📞 064-757-0976

龍淵

용연 | 📷

龍淵位於濟州島漢川下游區域，因其為地下水與淡水交會之處，故古代傳說有龍王使者會在此現身。水潭四周被八面岩壁圍繞，就像展開一面屏風形成的溪谷。這裡亦為「瀛洲12景」之一的「龍淵夜帆」所在地——指在夜間搭船，欣賞月亮倒映在奇巖絕壁之間水面上的美景。龍淵月色加上吊橋燈飾的美麗夜景，是觀賞夜景的好去處之一。

🏠 濟州市 龍潭1洞，제주시 용담1동 🚌 搭乘 6、7、17、36、37、38、70、87、90、500、1002、1003 號巴士在「龍潭十字路口（용담사거리）」站下車，可依序步行前往龍淵、金希宣馬尾藻湯和龍頭岩。🕐 00:00~24:00
📞 [D] 064-710-3314、[N] 064-728-4591

▲ 平行視角更能看出龍頭輪廓。

龍頭岩

용두암 | 📷

位於濟州市北方海邊的龍頭岩高約 10 公尺，因海浪沖刷與海風侵蝕形成類似龍頭的模樣而得名。關於龍頭岩的傳說有 2 種，一是有條龍偷了漢拏山神靈的玉珠，逃走時被發怒的漢拏山神靈用弓箭射中而掉到海邊，身體沉入海底，露出的頭部望著天空化成石頭；另一個說是一匹想要化為龍升上天的白馬被捕捉後，當場化成石頭。想要看清楚龍頭輪廓，建議往下走以水平視角觀賞。

🏠 濟州市 龍潭 2 洞 483 號（龍頭岩街 15 號）제주시 용담 2 동 483 (용두암길 15) 🚌 搭乘 6、7、17、36、37、38、70、87、90、500、1002、1003 號巴士在「龍潭十字路口（용담사거리）」站下車，步行前往。🕐 00:00~24:00 📞 064-728-3918

金希宣馬尾藻湯

김희선몸국 ｜ 🍴

馬尾藻湯（몸국）是濟州代表性的在地料理之一，最推薦的餐廳為本來就頗具盛名的金希宣馬尾藻湯，在《爸爸去哪兒？》中，民國和東日大叔到此用餐後更聲名大噪。這裡的馬尾藻湯是用豬骨熬煮 5 個小時以上，加上營養價值豐富的馬尾藻煮成，濃郁湯頭讓人一口接一口。除了臨近龍淵、龍頭岩，也是偶來小路 17 號行經處。

🏠 濟州市 龍潭 2 洞 454-1 號（興雲街 73 號）제주시 용담 2 동 454-1 （흥운길 73）🚌 請參考「龍淵」。🕐 08:00~19:00，星期日公休 💲 馬尾藻湯（몸국）₩ 5,000、蕨菜辣牛肉湯（고사리육개장）₩ 5,000 📞 064-745-0047

梨湖海邊

이호테우해변 ｜ 📷

梨湖海邊是離濟州市最近的海水浴場，沙灘由稍帶黑色的沙子及砂礫組成，與三陽黑沙灘齊名，因海邊有一片松樹林，吸引不少喜愛露營的遊客到此體驗海邊露營的樂趣。梨湖海邊最吸睛的非一對濟州小馬燈塔（조랑말등대）莫屬。這對類似特洛伊木馬造型、高約 12 公尺的紅白雙胞胎燈塔，建於 2008 年，在藍天下、黃昏時、夜晚中，小馬燈塔都會展現不同樣貌，為梨湖海邊點綴活潑風采。

🏠 濟州市 梨湖洞 1600 號（道里路 20 號）제주시 이호동 1600 （도리로 20）🚌 搭乘 7、17、36、60 號、黃金巴士在「梨湖泰烏海邊（이호테우해변）」站下車，往海邊方向步行 200 公尺。🕐 00:00~24:00 💲 免費 📞 064-728-4923

A Factory Cafe

에이팩토리 카페 | 🍴

在濟州市區想要找一家個性咖啡廳，可以到塔洞廣場附近的 A Factory Cafe。咖啡廳保留了舊公寓的牆面與磨石地板，搭配木桌、金屬椅、個性燈具等類工業風格，令人印象深刻。1 樓的夾層閣樓是全店最有意思的角落，辦公室裡的大型咖啡烘培機更引人注目，除了講究的手沖咖啡，這裡的點心也很推薦。

🏠 濟州市 三徒 2 洞 1192-17 號（塔洞路 11 號）제주시 삼도 2 동 1192-17（탑동로 11） ⏰ 09:00~22:00 💲 咖啡等飲料 ₩ 3500~7,000，menu 有附中、英文說明，方便點餐 📞 064-720-8222

emart

emart | 🛍️

在濟州想逛大型賣場，emart 是最佳選擇。從塔洞廣場步行約 500 公尺即可到達 emart 濟州店。需注意的是，韓國大型超市每個月會安排 2 天公休日，建議事先查詢，以免白跑一趟。

🏠 emart 濟州店：濟州市 三徒 2 洞 1259 號（탑동로 38） 📞 064-729-1234 🏠 emart 新濟州店：濟州市 老衡洞 919 號（1100 로 3348） 📞 064-798-1234 🏠 emart 西歸浦店：西歸浦市 法還洞 841-2 號（일주동로 9209） 📞 064-797-1234 ⏰ 10:00~23:00、春節 11:00~21:00（請注意每月公休日）

龍潭海岸咖啡街

용담해안 까페거리 ｜ 📷

龍潭海岸位於前往梨湖海邊的濱海公路上，沿路有生魚片店與咖啡廳，美麗的海岸景觀，加上休閒空間與公共藝術，漸漸形成小型咖啡村，前往梨湖海邊的遊客多會在此停留。從龍頭岩海邊到梨湖海邊的海岸公路全長約 7km，時間充裕的話，不妨邊欣賞美麗海景、邊散步前往龍潭海岸咖啡街、梨湖海邊。

雪心堂　설심당

🏠 濟州市 龍潭 3 洞 2319-6 號（西海岸路 504 號）제주시 용담 3 동 2319-6（서해안로 504）🕐 11:00~23:00 $ 雪心堂冰（설심당 빙수）₩ 9,000、漢拏峰果汁（凸頂柑、한라봉 쥬스）₩ 8,000、雪心堂糖餡餅（설심당 호떡）₩ 4,000 📞 064-712-4183 @ www.sulsimdang.com（韓）

▲ 刻意不挑連鎖咖啡店而無意踏入的雪心堂，咖啡香醇、漢拏峰果汁濃郁，若再加點一份剉冰，絕對讓海景咖啡的愜意更加倍！

Nilmori Dong Dong

닐모리동동 | 🍴

龍潭海岸咖啡街上的 Nilmori Dong Dong，店名來自濟州方言，Nilmori（닐모리）為「明、後天」，Dong Dong（동동）則為「等待的樣子」之意。menu 中餐點旁的葉子標示數量越多，表示使用越多濟州本地食材。這裡餐點種類豐富，有咖啡、冰沙、傳統茶、甜品、冰品等飲料，也有披薩、沙拉、義大利麵等西式主食，讓人不知從何點起，其中漢拏山冰是熱門推薦之一。

🏠 濟州市 龍潭 3 洞 2396 號（西海岸路 452 號）제주시 용담 3 동 2396（서해안로 452）🕐 10:00~22:00 💲 漢拏山冰（한라산빙수）₩ 12,000、牛島花生派（우도땅콩 팬 파이）₩ 12,000，主要餐點都有附照片與價格，點餐方便 📞 064-745-5008 @ www.nilmori.com

濟州市外巴士客運站周邊美食

在濟州搭乘巴士自由行時，最依賴莫過於濟州市外巴士客運站，結束行程回到這裡後，懶得再跑其他地方用餐的話，以下推薦幾家從客運站步行就可抵達的餐廳。

▲ 玄玉食堂是可以便宜吃粗飽的司機食堂，只要 ₩ 4,000 就能吃到豐盛韓式套餐。我點的辣炒豬肉，將一大碗的豆芽蔬菜和豬肉炒熟後，可直接配白飯或用生菜包飯，真是飽足到不像話！

▲ 同樣位於客運站後方巷弄的茶談，主打平價精緻的韓正食套餐。我爬完漢拏山後，因為沒力氣再轉乘到其他地方，就直接來此用餐，因為實在太餓，整套套餐被我狼吞虎嚥地吃光光。

▲ 距離客運站約 500 公尺的大宇亭，招牌是石鍋拌飯，點鮑魚石鍋拌飯還會附上奶油和調味醬，可依個人口味喜好適量添加，讓石鍋拌飯因為添加奶油香氣而更美味！

▲ 食用石鍋拌飯前拌入奶油，香氣逼人！

玄玉食堂　현옥식당

🏠 濟州市 吾羅 1 洞 2445-2 號（西光路 2 街 35 號）제주시 오라 1 동 2445-2（서광로 2 길 35）$ 韓正食（정식）₩ 4,000、泡菜鍋（김치찌개）₩ 5,000、辣炒豬肉（두루치기）₩ 6,000 📞 064-757-3439

茶談　다담

🏠 濟州市 吾羅 1 洞 2444-2 號（西光路 2 街 11-18 號）제주시 오라 1 동 2444-2（서광로 2 길 11-18）🕐 11:30~15:00、17:00~21:00，週日公休 $ 荷葉牛肉餅套餐（연잎 떡갈비 정식）₩ 15,000 📞 064-753-2843

大宇亭　대우정

🏠 濟州市 三徒 1 洞 569-27 號（西沙路 152 號）제주시 삼도 1 동 569-27（서사로 152）🕐 09:00~20:30 $ 鮑魚石鍋拌飯（전복 돌솥밥）₩ 12,000、海鮮石鍋拌飯（해물 돌솥밥）₩ 9,000 📞 064-757-9662

大學路商圈

大學路商圈位於市廳對面，因有很多補習班、匯集許多學生而形成繁華商業區，因此稱為大學路，此處有酒館、餐廳、咖啡廳、小吃店、美妝品店、服飾店等，是濟州年輕人購物、娛樂的地方。白天結束戶外景點行程後，可以來這裡，要吃要逛一次滿足！只要搭乘經往「濟州市廳（제주시청）」站的巴士，下車後在市廳對面即是大學路商圈。

大學路的餐廳多得讓人眼花撩亂，不知該從哪一家選起，不妨帶著冒險的心情試試看吧！最簡單的方法，可看看用餐時間時店內不是空無一人的（避免踩到雷）、消費價位可接受（通常店門口會擺 menu 供參考），挑間對眼的進去就是了。我除了一次因為有友人同行得以踏進烤肉店，單獨行動的我都只能選 1 人方便用餐的店家，以下介紹幾家 1 人方便前往的平價美食餐廳。

◀◀ 舉凡辣炒年糕、飯捲、炸物、米腸、拉麵等各式韓國小吃，在大學路古典辣炒年糕幾乎都能嘗到，我隨便點了份泡菜炒飯（김치볶음밥），用料比想像還要豐盛，覺得很開心！

▲▶ 向日葵麵食是提供飯捲、辣炒年糕的小吃店，位在市廳巴士站旁，趕時間的人還可打包外帶。如果食量大或有伴同行，可以考慮點包含飯捲、辣炒年糕、炸類、餃子、蛋、米腸的小吃套餐（모다치기／모닥치기，濟州方言，意指套餐）。

▲▲ 巷弄裡的 Le Coin，是法國老闆與韓國老闆娘一起經營的法式可麗餅店，店面規模小巧溫馨，可坐在窗前看親切老闆現場製作可麗餅，是大學路商圈很受歡迎的小店。

▲ 大學路有不少咖啡廳，而 Cafe Mori 則以手工蛋糕聞名。點杯咖啡、選塊蛋糕，在靠窗座位看著窗外往來的人物風景，也是享受悠閒的一種方式。

大學路古典辣炒年糕　대학로고전떡볶이

🏠 濟州市 二徒 2 洞 1185-3 號（光陽 14 街 3 號）제주시 이도 2 동 1185-3（광양 14 길 3）📞 064-722-2292

向日葵麵食　해바라기분식

🏠 濟州市 二徒 2 洞 1773-19 號（中央路 214 號）제주시 이도 2 동 1773-19（중앙로 214）📞 064-753-2554

Le Coin　르꼬앙

🏠 濟州市 二徒 2 洞 1186-15 號（西光路 32 街 37 號）제주시 이도 2 동 1186-15（서광로 32 길 37）🕐 週三～五 16:00~22:30，週六、日 12:00~22:30，週一、二公休 💲 可麗餅類 ₩ 3,500 起 📞 [D] 010-5555-2099

Cafe Mori　까페모리

🏠 濟州市 二徒 2 洞 1186-21 號 2 樓（西光路 32 街 39 號）제주시 이도 2 동 1186-21 2 층（서광로 32 길 39）🕐 11:00~23:00 📞 064-757-7004

三姓穴

삼성혈 |

被列為史蹟第 134 號的三姓穴，是指在松樹森林中 3 個間隔幾公尺的大窟窿，呈現出如同「品」字的洞穴。相傳三姓穴是創建耽羅（濟州島舊名）的三神顯跡之處，三神原本過著修行生活，後來各自與被海水推上岸的木頭櫃中出現的碧浪國三位公主成親，因三位公主帶來五穀種子、小牛及馬匹，從此開始了農耕生活，就是關於濟州島由來的神話傳說。

🏠 濟州市 二徒 1 洞 1313 號（三姓路 22 號）제주시 이도 1 동 1313（삼성로 22）🚌 搭乘 5、6、7、36、37、87、500、1001、1003 號巴士，在「甫誠市場（보성시장）」站，或搭乘 2、3、5、6、7、10、17、28、36、37、43、87、92、100、500、1001、1003 號巴士，在「三姓初等學校（삼성초등학교）」下車後，可分別步行前往三姓穴、濟州民俗自然史博物館、麵條文化街、甘草食堂，與位在賞櫻名點典農路上的 Kochnische 小廚房。🕐 08:30~18:30（10~3 月至 17:30）💲 成人 ₩ 2,500、青少年 ₩ 1,700、兒童 ₩ 1,000 📞 064-722-3315 @ www.samsunghyeol.or.kr（韓）

濟州民俗自然史博物館

제주도 민속자연사박물관 ｜ 📷

濟州民俗自然史博物館於 1984 年開館，是運用實物資料與模型展示濟州島的考古民俗、動植物、海洋生物等資料的主題展館，除了可一覽濟州島的形成、演化進程、漢拏山生態，還可了解濟州人的一生、職業、特有的生活方式等，讓遊客能輕易理解濟州獨特的文化。

🏠 濟州市 二徒 2 洞 996-1 號（三姓路 40 號）제주시 일도 2 동 996-1（삼성로 40）🚌 請參考「三姓穴」。🕐 08:30~18:00，元旦、春節、開館紀念日（5/24）、中秋休館 💲 成人₩ 1,100、青少年₩ 500 📞 064-710-7708

麵條文化街

국수문화거리 | ⫙

濟州島豬肉因肉質鮮美，僅水煮過就不會有腥味，加上麵條、濃郁湯頭，即為濟州特色美食豬肉湯麵（고기국수），因此曾是當地舉辦喜慶宴客時的必備菜色之一。濟州島有多家豬肉湯麵專賣店，其中以姊妹麵館最出名，因此市政府把姊妹麵館這條街定為麵條文化街。

▼ 姊妹麵館。

姊妹麵館　자매국수

🏠 濟州市 一徒 2 洞 1034-10 號（三姓路 67 號）제주시 일도 2 동 1034-10 (삼성로 67) 🕐 00:00~24:00 💲 豬肉湯麵（고기국수）₩ 7,000 📞 064-727-1112

三代麵條會館　삼대국수회관

🏠 濟州市 一徒 2 洞 1045-12 號（三姓路 41 號）제주시 일도 2 동 1045-12 (삼성로 41) 🕐 09:00~隔天 06:00 💲 豬肉湯麵（고기국수）₩ 7,000 📞 064-759-1144

◀◀ 臨近三姓穴、濟州民俗自然史博物館的麵條文化街上，常見高朋滿座的除了姊妹麵館，還有三代麵條會館也是熱門店家。

Eo Ma Jang Jang 海鮮砂鍋

어마장장해물뚝배기 | 🍴

位於自然史博物館對面、麵條文化街上的 Eo Ma Jang Jang，約 20 個座席的空間小巧溫馨。招牌餐點鮑魚海鮮砂鍋一上桌，看到熱騰騰的鍋裡放著 4 顆新鮮生鮑魚與幾乎滿出來的蝦、貝類就讓人傻眼！老闆貼心提醒我把鮑魚拌入熱湯中約 10 秒後就可享用。這是我目前在濟州吃過的海鮮砂鍋裡最物超所值的，而且 1 個人也可以大快朵頤～

🏠 濟州市 一徒二洞 1046-11 號（三姓路 39 號）제주시 일도 2 동 1046-11（삼성로 39） 🕙 10:00～22:00，週日公休 💲 鮑魚海鮮砂鍋（전복 뚝배기）₩ 10,000 📞 [N] 010-8660-6848、[D] 064-751-6464

甘草食堂

감초식당 | 🍴

位於甫誠市場裡的甘草食堂因曾在韓國漫畫《食客》中出現，加上《兩天一夜》中李昇基曾光顧過而聲名大噪，我去時店裡還擺著李昇基的半身立牌。甘草餐廳的菜單分為 A、B、C 套餐 3 種選擇，不論點哪一種，都能吃到血腸和水煮豬肉，配上熱呼呼的湯。我點基本款的 A 套餐，雖然因為美食當前而不顧形象地狼吞虎嚥，居然分量還是多到吃不完……

🏠 濟州市 二徒 1 洞 1289-5 號（東光路 1 街 32 號）제주시 이도 1 동 1289-5（동광로 1 길 32） 🕙 11:00～22:00（星期日至 16:00）💲 A 餐－血腸＋豬頭皮肉（순대＋머리고기）₩ 10,000、C 餐－血腸＋豬頭皮肉＋內臟＋烤腸（순대＋머리고기＋내장＋막창）₩ 17,000 📞 064-753-7462

Kochnische 小廚房

코크니셰 | ¶

位在濟州賞櫻名點之一的典農路上的
Kochnische，為德語「小廚房」之意。
一如其名，這是間約 20 人座位的精巧餐廳，
招牌餐點是鐵板料理。不懂韓文沒關係，
看 menu 照片用手指點餐即可，我點的鐵板
起司豬排附上炸薯條、海苔飯糰，美味且分
量十足！如果在濟州美食和韓式餐點之外想
嘗試一點特別的料理，或是賞完櫻花就近用
餐，可到此嘗鮮。

🏠 濟州市 三徒 2 洞 594-19 號（典農路 75-1 號）제주시
삼도 2 동 594-19 (전농로 75-1) 🕐 平日 17:00~24:00、
週六 12:00~24:00，週日公休 💲 鐵板料理（철판요리）₩
13,000~17,000 ☎ [D] 064-901-1180

都盟伊胡同

두멩이골목 | 📷

位於濟州市較早開發的一徒 2 洞，都盟伊胡同保留著過去的樣貌，在老舊街道改造計畫下，於 2008 年韓國民族藝術聯盟濟州道支會舉辦的公共藝術活動徵集藝術家，在此地留下壁畫創作，讓都盟伊壁畫村樣貌出現雛形。2009 年更加入大學生、小學生繪製的壁畫，許多懷舊壁畫創作，讓人看了不禁陷入兒時回憶中，使都盟伊胡同更加色彩繽紛，成為濟州具代表性的壁畫村之一。在 2009 年 7 月被選入 31 處濟州市「隱藏的祕境」。

📍定位參考：아지트小吃店 🏠濟州市 一徒 2 洞 1006-53 號（東門路 14 街 13 號）제주시 일도 2 동 1006-53（동문로 14 길 13）🚌 從東門圓環（동문로터리）步行約 600 公尺；由東門路 14 街아지트右邊巷子進入，參考巷口指示來欣賞這些壁畫作品；與東門路 14 街平行另有一小段壁畫街「구중샛길」（新山路 1 街 4 號旁，산로 1 길 4），也可順道一遊。📞 064-752-1282

國立濟州博物館

국립제주박물관 ┃ 📷

2001 年開館，以展示、保存與研究濟州歷史與文化遺產為主旨的國立濟州博物館，展示從先史時代至朝鮮時代為止的濟州遺跡與文物，除了介紹濟州島的形成與歷史文化，還可透過獨立的耽羅文化主題展、特展與各種文化活動，讓到訪濟州的遊客了解濟州獨特文化的發展過程。

🏠 濟州市 健入洞 261 號（一周東路 17 號）제주시 건입동 261 (일주동로 17) 🕒 09:00~18:00，週一、元旦休館 🚌 免費 📞 064-720-8000 @ jeju.museum.go.kr（韓、英、日、簡中）

Bon Bon 辣燉海鮮

봉봉해물찜 | 🍴

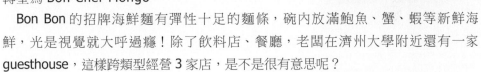

Bon Bon 的老闆曾在大企業工作 10 多年，因調養身體之故辭職移居濟州，經營餐廳展開新生活。最初於 2013 年在月汀里海邊開業時，名為 Bon Chef（봉쉡），2014 年於濟州市區開 2 號店 Bon Bon 後，月汀里店就轉型為 Bon Chef Mongo。

　　Bon Bon 的招牌海鮮麵有彈性十足的麵條，碗內放滿鮑魚、蟹、蝦等新鮮海鮮，光是視覺就大呼過癮！除了飲料店、餐廳，老闆在濟州大學附近還有一家 guesthouse，這樣跨類型經營 3 家店，是不是很有意思呢？

🏠 濟州市 一徒 2 洞 1958-5 號（新設路 9 街 26-12 號）제주시 이도 2 동 1958-5（신설로 9 길 26-12）🚌 搭乘 9、48、51、92、1005 號巴士在「同心醫院（한마음병원）」站下車後，步行約 600 公尺。🕐 11:00~15:00、17:00~21:00（休息時間 15:00~17:00）💲 海鮮刀切麵（해물칼국수）₩ 9,000、辣燉海鮮（봉봉해물찜）2 人份 ₩ 43,000 📞 064-723-8805、064-721-0808（地圖上顯示 Bon Chef Guesthouse 也用此號碼，定位時請同時比對地址，以免跑到 guesthouse 去）@ bonchef.fordining.kr

三姓穴海鮮湯

삼성혈해물탕 | 🍴

三姓穴海鮮湯是位在新濟州區的老字號海鮮湯專門店，放入鮑魚、螃蟹、章魚、蛤蜊等新鮮海產，加上爽口的豆芽，湯頭鮮甜味美。為了方便顧客食用，隨時都有服務生親切地幫忙以剪刀拆解海鮮。吃完海鮮後，別忘了點份拉麵，吸飽富含海鮮精華的湯頭後再吃第 2 輪，讓這餐海鮮湯料理畫下完美（胃撐爆）的句點！

🏠 濟州市 蓮洞 312-27 號（善德路 5 街 20 號）제주시 연동 312-27（선덕로 5 길 20）🚌 搭乘 20、26、46、70、92、200、500、502、1002、1005 號巴士「蓮洞居民中心（연동주민센터）」站下車，步行約 400 公尺 🕐 11:30~22:30 💲 海鮮鍋，小（해물탕，소）₩ 50,000 📞 064-745-3000 📋 建議避開假日前往，到店時先登記取得候位號碼，要有等候至少半小時以上的心理準備。

寶健路行人徒步街

바오젠거리, 연동 차 없는 거리 | 🛍️

寶健路原名銀南路，2011年中韓建交20周年之時，中國寶健集團組成萬人旅遊團分批前往首爾和濟州旅遊，於是韓國旅遊局局長把濟州商業中心的這條路改名為寶健路以茲紀念。寶健路長約450公尺，聚集160多間商家、餐廳，並設有舞臺、鐘塔、旅遊服務中心等，是新濟州的購物商圈。此處是無車輛往來的行人徒步區，遊客可自在享受逛街的悠閒。

📍 定位參考：濟州市農協 新濟州市店　제주시농협 신제주지점 🏠 濟州市蓮洞 272-2 號（三無路 36 號）제주시 연동 272-2（삼무로 36）🚌 搭乘 17、31、36、37、38、87、100 號、黃金巴士「三無公園（삼무공원）」站下車。📞 064-746-0231 🏧 寶健路位在與新光路（신광로）平行、三無路 38 號與 40 號之間的蓮洞 7 街（연동 7 길），地圖定位參考位在三無路 36 號的濟州市農協。

偶來麵館

올래국수 | 🍴

臨近寶健路商圈的偶來麵館，是專賣濟州湯麵的人氣名店之一，座位數僅 20 多位，只販售豬肉湯麵、鰻魚湯麵和拌麵 3 種餐點，其中首推豬肉湯麵。厚實的濟州豬肉、分量十足的麵條與清爽湯頭，加上蔥、芝麻、辣椒粉調味，不論視覺和味覺都讓人垂涎三尺！這平價又美味的人氣小店，在店門口等個半小時以上是常態，不過當喝下第一口湯後，就覺得一切是值得的！

🏠 濟州市 蓮洞 261-16 號（濟原街 17 號）제주시 연동 261-16（제원길 17）🚌 搭乘 20、26、46、51、55、92、100、200、500、502、1002、1005 號巴士在「濟原公寓（제원아파트）」站下車後步行約 150 公尺。🕐 09:30~21:00，週日、春節、中秋公休 💲 豬肉湯麵（고기국수）₩ 7,000 📞 064-742-7355 🏧 記得先入店登記候位順序，並有等候至少半小時以上的心理準備。

有利家
유리네 ｜ 🍴

若提到名人最愛造訪的濟州餐廳，鄉土飲食料理餐廳有利家絕對榜上有名！除了總統是座上賓，從牆面上掛滿的簽名與照片，可看出有許多綜藝節目曾來此拍攝，包含《爸爸去哪兒？》的尹厚阿爸和俊秀阿爸，Big Bang 的 GD 和勝利也都留下用餐身影。雖然人氣很旺，但店內空間寬敞，如避開用餐尖峰時間前往，幾乎不需候位就可入桌，可以悠閒享用一餐。

🏠 濟州市 蓮洞 427-1 號（蓮北路 146 號）제주시 연동 427-1（연북로 146）🚌 搭乘號巴士在「新濟州初等學校（신제주초등학교）」站下車，步行約 400 公尺。🕐 09:00~21:00，中秋／春節 11:00~21:00 💲 鮑魚砂鍋（전복뚝배기）₩ 13,000、海螺海膽海帶湯（보말성게미역국）₩ 10,000、燉青花魚（고등어조림）₩ 26,000 📞 064-748-0890

豚舍豚
돈사돈 ｜ 🍴

位在老衡洞的豚舍豚也有多位名人光顧，如 GD、韓綜《兩天一夜》等，是以烤黑豬肉聞名的濟州人氣名店。端上桌的黑豬肉豪邁厚切達 2 公分厚，讓我忍不住驚呼！服務生會親切地協助翻烤，搭配店家特調沾醬，美味得讓人一口接一口，完全停不下來！

🏠 濟州市 老衡洞 3086-3 號，제주시 노형동 3086-3（우평로 19）🚌 搭乘 50、200 號巴士在「都坪入口（도평입구）」站下車後步行 100 公尺。🕐 12:30~22:00，每月第 2 個週二、節日公休 💲 黑豬肉 600g（흑돼지）₩ 54,000 📞 064-746-8989 📋 人氣名店經常大排長龍，前往時要有等待的心理準備喔！

濟州民俗五日市場

제주민속오일시장 ｜ 🛍

五日市場（或簡稱五日場），顧名思義就是每隔 5 天開市的市場。關於五日市場的由來各地不同，在農業時代，農家因交通不便，不太可能經常進城採購民生用品，於是漸漸演變成挑選每月固定、大家方便記憶的日子，如每月逢 2、7 號開市的五日市場（所以 12、17、22、27 號也會開市）。五日市場一開始的交易模式是以物易物，逐漸發展為農家帶著自己栽種的農產品來擺攤，經濟水準提升後，轉型為兼顧當地居民採購需求，與吸引遊客走訪體現在地特色的觀光型態。

　　濟州民俗五日市場除了是濟州最大的五日市場，還特別針對 65 歲以上的老奶奶規畫了免費擺攤空間，讓傳統市集更顯出濃厚人情味。

🏠 濟州市 道頭 1 洞 1212 號（五日市場街 26 號）제주시 도두 1 동 1212 （오일장서길 26）
🚌 搭乘 30、36、37、90、95、200、1003、1006、702、960、962 巴士在「濟州民俗五日場（제주민속 오일장）」站下車。🕐 07:00~18:00，每月 2、7、12、17、22、27 日 📞 064-743-5985 @ jeju5.market.jeju.kr（韓）

▲▶ 琳瑯滿目的新鮮農產品、手工醬菜無法打包帶走，可以買袋濟州小柑橘現吃。

▶ 我其實在這裡買了一條小被子回去⋯⋯

濟州各地的五日市場

咸德五日市場 함덕오일시장

🎵 開場日 1、6 號 🏠 濟州市 朝天邑 咸德里 972-7 號（咸德 16 街 15-13 號）제주시 조천읍 함덕리 972-7（함덕 16 길 15-13）📞 064-783-8559 🚏 鄰近咸德海邊（距離約 700 公尺），可利用偶來小路 19 號順道前往。

細花五日市場 세화민속오일시장

🎵 開場日 5、10 號 🏠 濟州市 舊左邑 細花里 1500-5 號（迎日海岸路 1412 號）제주시 구좌읍 세화리 1500-5（해맞이해안로 1412）📞 [D] 064-728-7762 🚏 細花海邊旁，偶來小路 20 號有行經。

城山五日市場 성산오일시장

🎵 開場日 1、6 號 🏠 西歸浦市 城山邑 城山里 181-6 號（城山中央路 37 號街 6 號）서귀포시 성산읍 성산리 181-6（성산중앙로 37 번길 6）📞 [D]064-760-4281 🚏 在巴士站「日出峰入口（일출봉입구）」。

古城五日市場 고성오일시장

🎵 開場日 4、9 號 🏠 西歸浦市 城山邑 古城里 1182 號（古城吾照路 93 號）서귀포시 성산읍 고성리 1182（고성오조로 93）📞 [D] 064-784-0332、[N]064-760-4282 🚏 在巴士站「古城五日市場（고성오일시장）」，偶來小路 2 號有行經。

表善五日市場 표선오일시장

🎵 開場日 2、7 號 🏠 西歸浦市 表善面 表善里 1001-1（表善東西路 203-1 號）서귀포시 표선면 표선리 1001-1（표선동서로 203-1）📞 [D]064-760-2634

西歸浦鄉土五日市場 서귀포향토오일시장

🎵 開場日 4、9 號 🏠 西歸浦市 東興洞 779-1（中山間路 7894 號街 18-5 號）서귀포시 동홍동 779-1（중산간동로 7894 번길 18-5）📞 064-763-0965

中文鄉土五日市場 중문향토오일시장

🎵 開場日 3、8 號 🏠 西歸浦市 中文洞 2123-1（天帝淵路 188 號街 12 號）서귀포시 중문동 2123-1（천제연로 188 번길 12）📞 [N] 064-735-3353、[D] 064-738-6831 🚏 在巴士站「中文郵局（중문우체국）」步行約 100 公尺。

翰林五日市場 한림민속오일시장

🎵 開場日 4、9 號 🏠 濟州市 翰林邑 大林里 1698-4 號 제주시 한림읍 대림리 1698-4（한수풀로 4 길 10）📞 064-796-8830

大靜五日市場 대정오일시장

🎵 開場日 1、6 號 🏠 西歸浦市 大靜邑 下摹里 1089-15 號 서귀포시 대정읍 하모리 1089-15（신영로 36 번길 65）📞 [D]064-760-4081 🚏 鄰近下摹港，偶來小路 11 號有行經。

Nexon 電腦博物館

넥슨컴퓨터박물관 ┃ 📷

Nexon 是 1994 年成立的電腦遊戲公司，總部曾設於首爾，2011 年搬至東京，擅長休閒類網路遊戲，主要作品有爆爆王、跑跑卡丁車、泡泡戰士、天翼之鍊、神之領域、新楓之谷等。2013 年開館的 Nexon 電腦博物館，以 40 多年來電腦的發展歷程為核心，除了展示最早的個人電腦「Apple I」等數百臺各階段具代表性的舊式電腦，還有從早期到未來的遊戲機專區，有許多人的兒時回憶任天堂紅白機，以及多款懷舊與射擊、賽車遊戲體驗，絕對是會令玩家欲罷不能的展館！附設的 int. 咖啡廳還推出鍵盤造型鬆餅，看了都忍不住將雙手就定位，準備啟動遊戲模式呢！

🏠 濟州市 老衡洞 86 號（1100 路 3198-8 號）제주시 노형동 86（1100 로 3198-8）🚌 搭乘 9、30、46、51、70、90、95、740 號、黃金巴士在「漢拏樹木園（한라수목원）」站下車。🕐 6~8 月 10:00~20:00（9~5 月至 18:00），int. 11:00~19:00，週一、春節、中秋公休 💲 成人 ₩ 8,000、青少年 ₩ 7,000、兒童 ₩ 6,000 📞 064-745-1994 @ www.nexoncomputermuseum.org（韓、英、日、簡中）

漢拏樹木園

한라수목원 | 📷

為保護濟州的自然生態環境並進行相關研究而設立的漢拏樹木園，種植了 500 多種樹木和 90 種植物，並有亞熱帶植物室、自生植物室等 200 多種植物，以及瀕臨滅種危機的 2000 多棵受保護植物。一年四季都有不同自然樣貌的漢拏樹木園，可漫步園區享受自然的洗禮，園區入口前的櫻花大道，也是濟州熱門賞櫻景點之一。

🏠 濟州市 蓮洞 1000 號（樹木園街 72 號）제주시 연동 1000（수목원길 72）🚌 搭乘 9、30、46、51、70、90、95、740 號、黃金巴士在「漢拏樹木園（한라수목원）」站下車。🕐 04:00~23:00 💲 免費參觀 📞 064-710-7575 @ sumokwon.jeju.go.kr（韓）

濟州道立美術館

제주도립미술관 ｜ 📷

　　占地 38,744 平方公尺的濟州道立美術館於 2009 年開館，以濟州傳統文化為基礎，透過特別展、常設展、主題紀念展與戶外公共藝術空間，展現出濟州在自然美景與歷史文化孕育下的各種藝術之美。除此之外也展示世界美術史的演變，多元豐富的藝文活動，讓訪客能共襄盛舉。美術館旁就是成年人 only 的濟州 Love Land，距離神祕的道路也僅 300 公尺，有興趣可將行程安排在一起。

🏠 濟州市 蓮洞 680-7 號（1100 路 2894-78 號）제주시 연동 680-7（1100 로 2894-78） 🚌 搭乘 46、740 號巴士在「濟州道立美術館入口（제주도립미술관입구）」站下車；或搭乘 70、95 號、黃金巴士在「濟州道立美術館（제주도립미술관）」站下車後步行前往。🕐 09:00~18:00（7~9 月至 20:00），週一、元旦、春節、中秋休館 💲 成人₩1,000、青少年₩500、兒童₩300 📞 064-710-4300 @ jmoa.jeju.go.kr（韓、英、簡中、日）

神祕的道路

신비의도로 |

利用周邊環境製造出視覺的錯覺，而成為景點的「神祕的道路」，是位在介於 1100 道路和濟州道立美術館之間，長約 700 公尺的產業道路，若把車停在下坡處，車子會出現往上坡爬行的奇特現象，許多人會開車到此，將車熄火、放下手煞車來進行這段奇特體驗，《爸爸去哪兒？》的成東日父子、宋鍾國父女也曾到此一遊。

🏠 濟州市 老衡洞 291-16 號（1100 路 2894-63 號）제주시 노형동 291-16（1100 로 2894-63）🚌 搭乘 46、740 號巴士在「Jourre 村（주르레마을）」站下車，步行約 200 公尺。☎ [N] 064-728-2114、[D] 064-710-3312

西歸浦市

서귀포시

　　西歸浦市是位於漢拏山南邊的城鄉綜合性城市，也是韓國最南端城市。因蘊涵濟州獨特的傳統文化，擁有得天獨厚的自然景觀，成為廣受韓國人喜愛的旅遊度假勝地。

　　因城市開發時間先後之故，西歸浦市分為舊西歸浦和新西歸浦，舊西歸浦為包含大眾交通轉乘樞紐的中央路圓環、西歸浦偶來傳統市場、李仲燮街等；世界盃體育場和西歸浦市外巴士客運站則屬新西歸浦。位在西歸浦的知名景點有牛沼河口、獨立岩、瀑布、新緣橋與鳥島等。

從濟州機場出發，可搭乘 600 號巴士前往中文觀光園區與西歸浦市區；或在濟州市外巴士客運站搭乘 780 巴士，約 60~80 分鐘可到達西歸浦市。

西歸浦每日偶來市場

서귀포매일올레시장 ┃ 📷

　　開始是為因應民生需求形成的傳統市場，多年來支撐著西歸浦地區的民生經濟發展，現為西歸浦市規模最大的市場。2001年時市場總長僅120公尺，經改建如今為長達620公尺、兼具市場與觀光功能的拱型長廊商店街，王字型走道規畫便於市民選購商品，琳瑯滿目的海鮮蔬果、市場美食，遊客在此可將濟州在地小吃、點心一網打盡。

🏠 西歸浦市 西歸洞 277-1 號（中央路 62 號街 18 號）서귀포시 서귀동 277-1（중앙로 62 번길 18） 🚌 可在濟州市外巴士客運站搭乘780巴士，或有經往「中央圓環（중앙로터리）」站的巴士，在「舊客運站（구 터미널）」站下車，步行前往西歸浦每日偶來市場及以下的李仲燮街、好吃一條街等市區景點。🕖 07:00~21:00（視各攤位而異）📞 064-762-1949 @ sgp.market.jeju.kr（韓）

好吃一條街

아랑조을거리 | 🍴

好吃一條街指天地路（천지로）從西門路這一端起，往南延伸約 400 公尺，並包含兩側巷弄的主題美食街，聚集許多在地特色餐廳，濟州代表美食如烤肉、海鮮都能在此嘗到。此處因臨近西歸浦轉乘中心的中央圓環站，交通方便，加上步行即可前往鄰近景點，因此多數遊客都以逛「西歸浦每日偶來市場」吃小吃、到「李仲燮街」喝咖啡買紀念小物，最後到「好吃一條街」大啖美食，作為西歸浦市區一日遊的行程。

龍二食堂 용이식당

🏠 西歸浦市 西歸洞 298-8 號（中央路 79 號街 12 號）서귀포시 서귀동 298-8 （중앙로 79 번길 12）
🕐 09:00~22:00，每月第 1、3 個週日公休。💲 辣炒豬肉（두루치기）₩ 6,000 📞 064-732-7892

▼ 巷弄裡的龍二食堂是平價辣炒豬肉專門店。可照著店內牆上的食用步驟，將豬肉、豆芽、泡菜、蘿蔔、蔥等放在烤盤上炒熟後，以生菜和米飯一起包著吃，就是超級美味的一餐！

李仲燮美術館

이중섭 미술관 |

李仲燮（1916-1956）是韓國著名畫家，以「牛」為素材的野獸派視覺作品著名。戰爭期間與家人避難於西歸浦，短暫居住過一段時間，也是李仲燮顛沛流離的一生中最安穩的時光，並在此時期創作出許多傑出作品。為了紀念李仲燮，西歸浦市政府將其故居修復原貌後建成李仲燮公園，將他每天散步的家門前小路命名為「李仲燮路」，設立李仲燮美術館，介紹其生平、展出作品。

🏠西歸浦市 西歸洞 532-1 號（李仲燮路 27-3 號）서귀포시 서귀동 532-1 （이중섭로 27-3）🚌 請參考「西歸浦每日偶來市場」。🕒 09:00~18:00，週一、元旦、春節、中秋休館 💲 成人₩ 1,000、青少年₩ 500、兒童₩ 300 📞 064-760-3567 @ jslee.seogwipo.go.kr（韓）

▼ 李仲燮故居。

李仲燮街

이중섭거리 | 📷

從李仲燮美術館開始，沿石階緩步而上至西歸浦每日偶來市場前的這條路，是1996年為紀念李仲燮設立的「李仲燮街」，街上匯集各具特色的藝術小店、咖啡店與餐廳，並會舉辦李仲燮藝術節、街頭演奏會、文化藝術市集等藝文活動，是濟州的文化藝術中心，可在此選購特色伴手禮，或在街上的針咖啡，體驗親手製作偶來小馬的樂趣。

針咖啡 바농카페

🏠 西歸浦市 西歸洞 528-5 號（李仲燮路 19 號）서귀포시 서귀동 528-5（이중섭로 19）🕐 10:30~23:00 💲 偶來小馬手作：11:00~18:00（有老師指導）、費用₩ 15,000（和買現成的價格一樣）。📞 064-763-7703

▶ 針咖啡有偶來小馬手作體驗。

德盛園

덕성원 | 🍴

🏠 西歸浦市 西歸洞 474 號（太坪路 401 號街 4 號）서귀포시 서귀동 474（태평로 401 번길 4）🕐 11:00~21:00 💲 花蟹炒碼麵（꽃게짬뽕）₩ 7,000、三鮮炸醬麵（삼선짜장면）₩ 6,500、糖醋肉（탕수육）₩ 16,000 📞 064-762-2402

◀ 李仲燮街附近的德盛園是中華料理餐廳，在西歸浦市區相當知名，舉凡炸醬麵、花蟹炒碼麵、糖醋肉，都分量十足且美味，招牌餐點花蟹炒碼麵更大方用上整隻花蟹，鮮紅湯頭讓人辣得大呼過癮，絕對是必點推薦。

參寶食堂

삼보식당 | 🍴

🏠 西歸浦市 天地洞 319-8 號（中正路 25 號）서귀포시 천지동 319-8（중정로 25）🕐 08:00~21:00 💲 鮑魚砂鍋（전복뚝배기）₩ 13,000、烤方頭魚（옥돔구이）₩ 25,000、水拌雀鯛魚（자리물회）₩ 10,000 📞 064-762-3620

◀ 以鮑魚砂鍋和烤方頭魚為招牌餐點的參寶食堂，鮑魚砂鍋的清爽湯頭裡有滿滿一鍋的鮑魚、蝦和貝類，給料毫不吝嗇。如果住在 Backpacker's Home，走出來就可以到此用餐囉！

真珠食堂

진주식당 | 🍴

🏠 西歸浦市 西歸洞 314-7 號（太坪路 353 號）서귀포시 서귀동 314-7（태평로 353）
🕐 08:00~21:00 💲 鮑魚砂鍋（전복뚝배기）₩ 13,000、鮑魚粥（전복죽）₩ 15,000、海膽湯（성게국）₩ 12,000、紅燒帶魚（갈치조림）₩ 35,000 📞 064-762-5158

◀ 鄰近西歸浦港的真珠食堂是海鮮料理專門店，推薦料理為鮑魚砂鍋，砂鍋裡有鮑魚、蝦和貝類，還能吃到濟州黑豬肉片等豐富小菜，物超所值！

天地淵瀑布

천지연폭포 | 📷

鄰近西歸浦港、位在傑梅生態公園旁的天地淵瀑布，高 22 公尺、寬 12 公尺的水瀑落入水面，形成深達 20 公尺的清澈淵泉。在天地淵瀑布園區，栲樹、山柚子樹、冬柏樹形成茂密生態叢林，還能看見山草莓、松葉蘭等稀有植物，踏在布滿檜子花、王櫻花、躑躅花和蹬橋石的散步小徑上，寧靜幽雅的氛圍相當愜意。

🏠 西歸浦市 天地洞 666-1 號，서귀포시 천지동 666-1 🚌 搭乘 1 號巴士在「天地淵瀑布 (천지연폭포)」站下車依指標步行前往即可到達，如從中央圓環步行前往，距離約 1.6 公里。 🕘 09:00~22:00 💲 成人 ₩ 2,000、青少年 ₩ 1,000、兒童 ₩ 1,000 📞 064-733-1528、064-760-6304 📋 天「地」淵瀑布 (천지연폭포) 與 P78 的天「帝」淵瀑布 (천제연폭포)，分指兩個不同景點，規畫行程時需留意。

鳥島與新緣橋

새섬，새연교 | 📷

前往天地淵瀑布時，可看到一座造型獨特的橋，是 2009 年 9 月正式啟用的新緣橋，連接濟州西歸浦港與鳥島，是韓國最南端且最長的人行步橋奇特外型的靈感來自於濟州島的傳統木筏「泰烏（테우）」。在新緣橋上可眺望西歸浦港、文島、虎島、西歸浦前海以及漢拏山，也是欣賞夜景的推薦景點之一。前往面積約 10 萬 2 千多平方公尺的無人島──鳥島。漫步在鳥島長約 1.2 公里的環島小徑，可觀賞鳥島溫帶樹林以及周邊的美麗海景。

📍 定位參考：西歸浦潛艇 서귀포잠수함 🏠 西歸浦市 西烘洞 707-5（南城中路 40）서귀포시 서홍동 707-5（남성중로 40）📞 064-732-6060

獨立岩

외돌개 | 📷

在西歸浦市三梅峰有一座高 20 公尺、寬 10 公尺的岩石聳立於海上，稱為獨立岩，也有人稱之將軍岩，是火山爆發的熔岩凝結而成。此處擁有寬闊草坪與海邊步道，能欣賞夕陽映照海上的美麗景致，相當浪漫。在電視劇《大長今》中，李英愛所飾演的長今在此面向海洋下定決心習醫，使獨立岩成為濟州著名景點，來此當一下長今，以獨立岩被背景拍張紀念照吧。

🏠 西歸浦市 西烘洞 791，서귀포시 서홍동 791 🚌 搭乘 8 號巴士在「獨立岩（외돌개）」站下車依指標步行即抵，如從中央圓環步行前往，距離約 2.5 公里。🕐 09:00~18:00，週一、元旦、春節，中秋休館 💲 免費參觀 📞 064-760-3033

◀ 化身長今吧！

正房瀑布

정방폭포 | 📷

與天地淵、天帝淵並列為濟州三大瀑布的正房瀑布，高 23 公尺、寬 8 公尺，是亞洲唯一直接流入海中的海岸瀑布。正房瀑布所在的懸崖有古松斜長於上方，與瀑布相映成趣。

而從正房瀑布往東 300 公尺，在偶來事務所附近還有一處高 5 公尺的小正房瀑布，可沿著 6 號偶來小路的標示步行前往。

🏠 西歸浦市 東烘洞 278 號（七十里路 214 號街 37 號）서귀포시 동홍동 278（칠십리로 214 번길 37）🚌 搭乘 1、2、9 號巴士在「小公園（소공원）」站下車後步行 600 公尺、經徐福展示館（서복전시관）前往，如從中央圓環步行前往，距離約 1.6 公里。🕐 08:30~18:00 💲 成人 ₩ 2,000、青少年 ₩ 1,000、兒童 ₩ 1,000 📞 064-733-1530、064-760-6341

牛沼河口

쇠소깍 | 📷

位於西歸浦市下孝洞的牛沼河口，原本因貌似牛躺著的模樣而被稱為牛屯，在流經孝敦川的淡水和海水相遇後形成水坑，故取名牛沼河口。此處是熔岩往下流動、冷卻後，形成溪谷般的山溝，河岸兩側的熔岩石與松樹林景觀特殊，堪稱西歸浦祕境之一。

可乘坐濟州傳統的扁平小船在山溝裡穿梭，體驗划船樂趣，以不同角度飽覽整個牛沼河口之美。《爸爸去哪兒？》的李鍾赫、俊秀父子也在此玩得很開心呢！

🏠 西歸浦市 下孝洞 140 號（孝敦路 170 號）서귀포시 하효동 140（효돈로 170）🚌 搭乘 8、100、110、130、701、730、730-1、910、930 號巴士在「孝敦中學（효돈중학교）」站或「孝禮橋（효례교）」站下車，步行約 1.3 公里。💲 免費參觀 📞 064-732-1562 🎫 特別體驗：划木船－成人₩6,000、兒童₩3,000；水上腳踏車（兩人用）₩15,000，時間 09:00~18:00（冬季至 16:00）。

御真家海鮮

어진이네횟집 | ⑪

臨近甫木港的御真家海鮮，招牌餐點是水拌生魚片（물회），水拌生魚片通常是用口感鮮脆的海鮮如魷魚、鯛魚料理，加上別具風味的冷高湯調料，搭配黃瓜絲、生菜等爽口蔬菜，撒上芝麻，相當開胃消暑。享用美食的同時，還能欣賞窗外的甫木港口海景，只有爽快兩字可以形容！

🏠 西歸浦市 甫木洞 274-1 號（甫木浦路 84 號）서귀포시 보목동 274-1（보목포로 84） 🚌 搭乘 2 號巴士於「甫木港口（보목포구）」站下車後，步行 400 公尺。🕐 11:00~20:00，每月第 1、3 個週二公休 💲 水拌小魷魚生魚片（한치물회）₩ 12,000、水拌雀鯛魚生魚片（자리물회）₩ 10,000 📞 064-732-7442

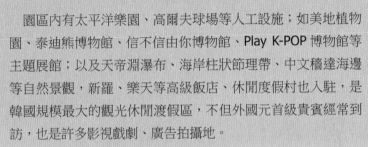

Theme 3

中文觀光園區
중문관광단지

園區內有太平洋樂園、高爾夫球場等人工設施;如美地植物園、泰迪熊博物館、信不信由你博物館、**Play K-POP** 博物館等主題展館;以及天帝淵瀑布、海岸柱狀節理帶、中文穡達海邊等自然景觀,新羅、樂天等高級飯店、休閒度假村也入駐,是韓國規模最大的觀光休閒渡假區,不但外國元首級貴賓經常到訪,也是許多影視戲劇、廣告拍攝地。

占地寬廣的中文觀光園區,從園區入口至大浦海岸柱狀節理帶處,距離約 **2.8** 公里,建議以緩慢的速度、悠閒的心情,步行享受在此停留的時光。

從濟州機場搭乘 600 號巴士,約 1 小時即可到達中文觀光園區各大主要飯店;或 搭 乘 100、120、130、702、780、961 號巴士在「中文觀光園區入口(중문관광단지입구)」站下車,即是園區入口;5、110 號巴士在園區裡設有停靠站,但與其等待巴士,更建議直接步行前往下一個目的地。

園區入口處的韓國觀光公社有園區導覽地圖,可規畫想去的展館、景點。有任何旅遊相關疑問也能直接洽詢。

天帝淵瀑布

천제연폭포 | 📷

相傳服侍玉皇大帝的七仙女趁著夜晚下凡戲水過後，在回到天庭前把這座池子命名為上天的池子「天帝淵」。天地淵瀑布依地勢分為三段式瀑布，第一段瀑布落下至水深 21 公尺的池塘後，再經由第二、第三瀑布後流進大海。其中第一瀑布流洩而下，與周邊熔岩絕壁、藍得透綠的池水相互映襯，心情也跟著嘩啦啦地清爽，是景致最怡人的部分！

▲ 仙臨橋為韓國最早的韓民族固有鵲橋型態的橋，兩邊側面雕刻著美麗的七仙女，夜晚將欄桿中石燈點亮，別具風情。

🏠 西歸浦市 穡達洞 3381-1（穡達路 189 號街 27）서귀포시 색달동 3381-1（색달로 189 번길 27）🚌 搭乘 5、100、110、120、130 號巴士在「天帝淵瀑布（천제연폭포）」站下車，步行 200 公尺。🕐 09:00~17:00 💲 成人 ₩ 2,500、青少年／兒童 ₩ 1,350 📞 064-760-6331

伽藍石鍋拌飯

가람돌솥밥 | 🍴

個人用餐時，我最愛石鍋拌飯。某天一早突然想吃石鍋拌飯，來到中文洞的伽藍，點了鮑魚石鍋拌飯。望著滿滿一桌小菜，挖起一塊奶油放進冒著熱氣的石鍋裡，將鮑魚、白飯、奶油、調味料拌勻後，豪邁地一大口塞進嘴裡……嗯～果然是石鍋拌飯滋味最好啊～

▲ 奶油隨著熱氣融化，和鮑魚融合成美味香氣。

🏠 西歸浦市 大浦洞 747-3 號（中文觀光路 332 號）서귀포시 대포동 747-3（중문관광로 332）🚌 搭乘 5、7、100、110、120、130、702、780、961 號巴士在「中文洞居民中心（중문동주민센터）」站或「中文初等學校（중문초등학교）」下車，步行約 200 公尺。🕐 09:00~22:00 💲 鮑魚石鍋拌飯（전복돌솥밥）₩ 15,000、海鮮火鍋（해물전골）₩ 25,000、紅燒帶魚（갈치조림）₩ 25,000 📞 064-738-1200 @ sgaram3.cafe24.com（韓、英、日、簡中）

中文海螺刀削麵

중문수두리보말칼국수 | 🍴

海螺刀削麵是濟州在地料理之一，經在城山住宿時曾短暫交談的美女室友推薦，來到這家在地人餐廳。位在中文洞主街道、鄰近天帝淵瀑布的中文海螺刀削麵，座位數僅約 20 人，店面小巧樸實。招牌餐點海螺刀削麵的海螺分量很多，麵條富彈性、嚼勁十足，湯頭濃郁，讓人一開動就停不下來。

🏠 西歸浦市 中文洞 2056-4 號（天帝淵路 190 號）서귀포시 중문동 2056-4（천제연로 190）🚌 搭乘 5、7、100、110、120、130、702、780、961 號巴士在「中文郵局（중문우체국）」站下車，步行 100 公尺。🕐 08:00~19:30，每月第 1、3 個週三公休 💲 海螺刀削麵（보말칼국수）₩ 6,000、海螺炒碼麵（보말짬뽕）₩ 6,000 📞 064-739-1070

Play K-POP 博物館

플레이케이팝 박물관 ｜ 📷

▲ 體驗大明星必經歷的狗仔閃光燈伺候！

2015 年 6 月開幕的 PLAY K-POP 博物館，是將 K-POP 融合多媒體技術，呈現全新概念娛樂體驗的主題展館。嚴格說來我不是 YG 飯也不是 BB 飯，但「Live Holo」能欣賞 PSY、BIG BANG 等韓流巨星的全像投影多媒體表演，我看的內容是 BIG BANG 和 GD，真的會忍不住啟動看演唱會模式，跟著臺上的熱力演唱一起律動。彷彿貫穿觀眾身體的 360 度擬真 3D 動畫「Live 360」更是推薦一定要去！在「遇見大明星」專區可體驗與韓流巨星約會，更讓我迷妹魂上身！此外還有親身體驗成為偶像的「我是明星」專區、特別企畫展與明星周邊商店，韓流音樂愛好者絕不能錯過。

▲ 舞技高超的粉絲可和偶像一起共舞！

▲ 看 GD 很認真的幫你錄音，實在好害羞～

🏠 西歸浦市 穡達洞 2864-36 號（中文觀光路 110 號街 15 號）서귀포시 색달동 2864-36（중문관광로 110 번길 15）🕙 09:00~19:00 💲 成人 ₩ 15,000、青少年 ₩ 13,000、兒童 ₩ 12,000 📞 064-780-9000 @ www.playkpop.co.kr（韓、英、簡中、日）

▲ GD 和 TOP 的服裝展示區。

▲ 「Live 360」裡有可 360 度旋轉的椅子，跟著動畫看 PSY 飛天遁地，超級過癮！

◀ 「Live Holo」有排定演出時間，官網可查詢，購票時也會提醒接下來的時間表，建議先查好想看的演出時段。

▲ 在「回顧音樂」裡時空倒流，看看韓國流行音樂在各階段的發展歷程，與曾經風靡一時的經典歌謠和明星。

▶ 入場券上有 QRcode，在 2 樓的某些設備需掃描 QRcode 進行，也會記錄你的各種拍照體驗，憑 QRcode 至 1 樓周邊商品店，可挑選照片列印出來作紀念。

中文大浦海岸柱狀節理帶

중문대포해안 주상절리대 | 📷

濟州道西歸浦市海邊可看見石柱在海岸邊層層堆積的柱狀節理帶，這是漢拏山噴出的熔岩流入中文地區前海時冷卻所形成。大大小小的柱狀節理呈四至六角形，彷彿石匠雕鑿而成，令人不禁感嘆大自然造物力量之神奇。在這裡偶爾可見高達 10 公尺以上的驚濤巨浪，也吸引不少愛好海釣者到此享受海釣樂趣。

▲ 鄰近中文大浦海岸柱狀節理帶的濟州國際平和中心裡有免稅店，有興趣可以前往。

🏠 西歸浦市 中文洞 2767 號，서귀포시 중문동 2767 ⏱ 08:00～18:00 💲 成人 ₩ 2,000、青少年／老人 ₩ 1,000、兒童 ₩ 1,000 📞 064-738-1521

濟州國際平和中心 제주국제컨벤션센터

🏠 西歸浦市 中文洞 2700 號（中文觀光路 224 號）서귀포시 중문동 2700（중문관광로 224） 📞 064-735-1000

Canopus

카페 카노푸스 ㅣ 📷

喜愛韓劇《祕密花園》的觀眾來到濟州島，一定不能錯過這裡——劇中男、女主角互換身分後親吻的長椅！這經典場景位於 Seaes 酒店 Canopus 咖啡廳外草坪，Canopus 咖啡廳可眺望中文前海，景色怡人，即使不在 Seaes 住宿也可到此散步、欣賞美景。

🏠 西歸浦市 中文洞 2563-1 號（中文觀光路 198 號）서귀포시 중문동 2563-1 (중문관광로 198)
📞 064-735-3000 @ www.seaes.co.kr

中文穡達海邊

중문색달해변 ㅣ 📷

中文穡達海邊以帶有黑、白、紅、灰色等四種顏色沙子的「Jinmosal」沙（진모살）為特色，Jinmosal 沙灘與濟州島特有的黑玄武岩調和成壯麗風景，吸引許多電影、電視劇前往取景。除了欣賞海岸風光，也可體驗滑翔翼、遊艇、帆船、潛水、泛舟等水上活動；穿梭在樹林間的步道區，伴著海景、海風，堪稱中文區的清幽祕境。

🏠 西歸浦市 穡達洞 3039 號，서귀포시색달동 3039 🚌 位在新羅飯店和樂天飯店後方、凱悅飯店旁，可從太平洋樂園或新羅飯店、凱悅飯店步行前往。

▲ 清幽林蔭小徑。

如美地植物園

여미지식물원 ｜ 📷

充滿南國風味的如美地植物園，總面積約 3 萬 4 千多坪，規模號稱亞洲最大。園內有 2 千多種植物，更有珍貴罕見品種。3800 坪的大型溫室依主題分為花蝶園、水生植物園、生態園、熱帶果樹園、多肉植物園和中央展望塔。登上高 38 公尺的展望塔，可將中文觀光園區、天帝淵瀑布與中文海岸線的景色一次盡收眼底。戶外有濟州島再生植物園和民俗庭園，展示韓國、日本、義大利、法國等國家特色，可利用觀光列車輕鬆參觀戶外主題區。

🏠 西歸浦市 穡達洞 2484-1 號（中文觀光路 93 號）서귀포시 색달동 2484-1（중문관광로 93）🕐 09:00~18:00 💲 成人₩ 9,000、青少年₩ 6,000、兒童₩ 5,000 📞 064-735-1100 @ www.yeomiji.or.kr（韓、英、日、簡中）

海鮮香格里拉

씨푸드 샹그릴라 | 🍴

在中文園區若想來點不一樣的用餐體驗，不妨嘗試能欣賞無敵海景又能大啖海鮮的餐廳。中文穡達海邊旁的太平洋樂園 Pacific Land 除了可觀賞猴子、海獅及海豚的豐富趣味表演與迷你濟州生態水族館，也可體驗海釣、乘遊艇出航等水上活動。樂園裡的海鮮香格里拉，除了能搭乘豪華遊艇，餐廳裡也可以一邊品嘗豐盛的濟州島海鮮自助餐，一邊欣賞中文海邊美景，真是人生一大享受！

🏠 西歸浦市 穡達洞 2950-5 號（中文觀光路 154-17 號）서귀포시 색달동 2950-5（중문관광로 154-17）$ 早餐 07:30~10:30（套餐）－成人 ₩ 13,000、兒童 ₩ 10,000、午餐 12:00~15:00、晚餐 17:30~22:00（海鮮自助餐）－成人 ₩ 45,000、兒童 ₩ 23,000 📞 [D] 1544-9886 @ seafoodtour.com（韓、英、簡中、日）

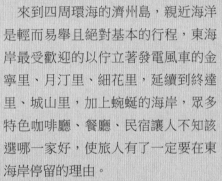

Theme 4

東海岸
동해안

　　來到四周環海的濟州島，親近海洋是輕而易舉且絕對基本的行程，東海岸最受歡迎的以佇立著發電風車的金寧里、月汀里、細花里，延續到終達里、城山里，加上蜿蜒的海岸，眾多特色咖啡廳、餐廳、民宿讓人不知該選哪一家好，使旅人有了一定要在東海岸停留的理由。

　　除了必訪景點城山日出峰、涉地可支與牛島，終達里到城山里這段濱海公路，因可同時遠眺城山日出峰、牛島，更有「濟州最美麗海岸公路」之譽，在此段公路上駕車浪漫奔馳的空拍畫面，也常在韓國電視節目中出現……種種令人無法抗拒的自然魅力，實在多得數不清啊。

北村石頭爺爺公園

북촌돌하르방공원 | 📷

濟州的代表性象徵之一，當屬濟州島守護神的石頭爺爺（돌하르방），在濟州方言是「石製的爺君」之意，最早出現在朝鮮時代。石頭爺爺的主要特徵是大眼睛、大鼻子、嘴唇緊閉，頭戴韓國傳統帽子，兩手合於腹部，平均高度為180公分。目前島上發現的石頭爺爺約有45個，每個形狀和表情都稍有不同。北村石頭爺爺公園將各式各樣的石頭爺爺聚集在一起，加上許多可愛造型的人物與動物穿插期間，具美學、學術價值加上學習與觀光用途，將濟州特有的文化資產傳承下去。

🏠濟州市 朝天邑 北村里 976 號（北村西 1 街 70 號）제주시 조천읍 북촌리 976（북촌서 1 길 70）🚌搭乘 701、900、910、990 號巴士在「北村里海洞（북촌리해동）」站下車後，步行約 900 公尺。🕐09:00~18:00（11~3 月至 17:00）💲成人₩ 7,000、青少年₩ 5,000、兒童₩ 4,000 📞064-782-0570 @ www.dolharbangpark.com（韓）

詩人之家

시인의 집 ∣ ⟨fork/spoon icon⟩

被濟州島美景迷住的女詩人,將濟州傳統房屋改造後開了「詩人之家」咖啡廳。女主人經營咖啡廳的初衷,就是希望來客能在此靜下心感受濟州的寧靜之美,或選本書在角落裡享受一個人的閱讀時光。因為《爸爸去哪兒?》中尹厚父子到此大啖披薩,從此詩人之家聲名大噪,也使原本寧靜的空間稍稍增添了熱鬧。尹厚父子吃的披薩添加起司、蘑菇和蝦仁等餡料,但每天備料不多,想吃可得趁早。

🏠濟州市 朝天邑 朝天里 3086-1 號(朝天3街 27 號)제주시 조천읍 조천리 3086-1 (조천 3 길 27) 🚌搭乘10、20、38、701、910、980 號巴士在「朝天里 (조천리)」站下車,步行 200 公尺。🕐11:00~21:00 💲美式咖啡 (아메리카노) ₩ 5,000、鮮蝦蘑菇比薩 (새우버섯피자) ₩ 25,000 📞 064-784-1002、010-9441-5439

東福海女村

동복해녀촌 ∣ ⟨fork/spoon icon⟩

濟州臨海有許多海女村餐廳,運用每天現撈的新鮮食材做成各式海鮮料理,堪稱濟州的在地美食寶庫,東福里海邊的東福海女村便是其中之一,其招牌餐點為生魚片拌麵和海膽湯麵。這裡離熱門景點較遠,遊覽東海岸時如果行程順路,可在此填飽肚子。

🏠濟州市 舊左邑 東福里 1502-1 號(東福路 33 號)제주시 구좌읍 동복리 1502-1 (동복로 33) 🚌搭乘701、910、990 號巴士在「東福里休息所 (동복리휴게소)」或「東福里 (동복리)」站下車,步行約 100 公尺。🕐09:00~20:00 💲生魚片辣味拌麵 (회국수) ₩ 8,000、海膽湯麵 (성게국수) ₩ 8,000 📞 064-783-5438

萬丈窟

만장굴 | 📷

寬5 公尺、高 5~10 公尺、總長 13,422 公尺的萬丈窟，是世界上最長的熔岩洞，2007 年以「濟州火山島和熔岩洞窟」被列入世界自然遺產。在 250 萬年前濟州火山爆發時，從漢拏山火山口流出的熔岩形成萬丈窟，洞窟裡各種奇形異狀的熔岩與巨大石柱，非常雄偉壯觀，但顧及安全，僅對外開放其中 1 公里。洞窟中一年四季都維持在 11~21℃的溫度，無論何時踏進洞窟，都能感受到沁入心脾的清涼。

🏠 濟州市 舊左邑 金寧里 3341-3 號，제주시 구좌읍 김녕리 3341-3 🚌 搭乘 701、910、990 號巴士在「萬丈窟入口（만장굴입구）」站下車後，步行約 2.6 公里。🕘 09:00~18:00，週一、元旦、春節，中秋休館。💲成人 ₩ 2,000、青少年／兒童 ₩ 1,000 📞 064-710-7903 🚌 990 號巴士在「金寧迷宮公園（김녕미로공원）」和「萬丈窟（만장굴）」皆有設停靠站，但班次不多且班距長，建議搭乘 701 號巴士再步行前往；如要同時前往這 2 個景點，建議行程為：「萬丈窟入口」站─[步行 1.7 公里]─金寧迷宮公園─[步行 800 公尺]─萬丈窟。

金寧迷宮公園

김녕미로공원 ｜

1987 年對外開放的金寧迷宮公園是由一位來自美國的教授設計建造，占地約 1000 平方公里、迷宮總長 932 公尺，從入口到出口最短路線是 190 公尺。進入這座比人身更高的樹林迷宮時，我沒看地圖線索，在樹叢間一直鬼打牆怎麼也找不到出路，最後跟著一群也是不知在同樣路段來回繞了多久的遊客走（其中幾個面孔不知都看過幾次了），才終於登上能俯瞰園區的高臺。在高臺上的鐘座敲響鐘聲，就表示順利找到可以踏出園區的路了。

🏠 濟州市 舊左邑 金寧里 山 16 號（萬丈窟街 122 號）제주시 구좌읍 김녕리 산 16（만장굴길 122）🚌 搭乘 701、910、990 號巴士在「萬丈窟入口（만장굴입구）」站下車，步行 1.7 公里。🕐08:30～18:00 💲 成人₩ 3,300、青少年₩ 2,200、兒童₩ 1,100 📞 064-782-9266 @ www.jejumaze.com（韓、英、日、簡中）

山號 Sanho

산호 ｜ 🍴

結 合生活雜貨、咖啡廳與民宿的山號，坐落於東海岸金寧里、步行 300 多公尺就可親近海洋的寧靜村落裡。山號空間不大，室內座位數頂多 5、6 個，擺設了生活雜貨，使得整體空間充滿溫馨居家感，讓一踏進山號的我，忍不住驚嘆「好棒呀」，主人也報以「謝謝」的微笑。當時也有一位獨自旅行的韓國女孩來到山號，我們微笑打招呼，這孤身卻自在的旅人默契，是一人旅行偶發的快樂收穫。山號位在偶來小路 19 號上、鄰近 20 號起點處，結束 19 號的健行後，來此喝杯飲料、沉澱一下心情也不錯！

🏠 濟州市 舊左邑 金寧里 2464 號（金寧路 2 街 20 號）제주시 구좌읍 김녕리 2464 (김녕로 2 길 20) 🚌 搭乘 701、910、990 號巴士在「南屹洞（남흘동）」站下車，步行 200 公尺。🕐 11:00～18:00，週三公休。💲飲料類₩ 4,000~5,000、馬卡龍／2 個₩ 3,500 ☎ 064-782-7320 @ blog.naver.com/sanhojeju

這樣的日子裡

이런날엔 | 🍴

位在漢東里海邊的「這樣的日子裡」是有提供住宿的餐廳。1 樓巨大顯目的紅色造型座椅讓路過之人難以忽視。進入 2 樓咖啡廳，還未入座，就因為面海景觀而驚嘆連連。這裡的餐點都有照片、價格標示，方便外國人點餐。

🏠 濟州市 舊左邑 漢東里 1358-4 號（漢東北 1 街 60 號）제주시 구좌읍 한동리 1358-4 (한동북 1 길 60) 🚌 搭乘 701、910 號巴士在「漢東里（한동리）」站下車，步行約 600 公尺。🕐 11:30~20:30，週二公休。💲 飲料₩ 5,000 起、烤雞／披薩等主餐₩ 16,500 起 📞 070-4036-8013 @ blog.naver.com/2runnaln

傻瓜

바보 | 🍴

濟州島有多處鄰近海邊的村落，雖名氣不見得像東海岸的月汀里或西海岸的挾才海邊來得響亮，也能發現不少特色咖啡廳、人氣餐廳或店家、民宿，而這些地方的靜謐更吸引人前往。當我知道傻瓜咖啡廳時，因這可愛店名忍不住會心一笑。其所處位置有股前不著村、後不著店的蒼涼感，保留濟州傳統屋舍外觀，韓屋風格的室內大氣拆掉一整面牆，直接坐擁整片自然採光的面海景觀。花費一杯飲料而得的獨享海景，其心靈的收穫已不知該如何衡量……

🏠 濟州市 舊左邑 漢東里 1339-6 號（迎日海岸路 1016 號）제주시 구좌읍 한동리 1339-6 (해맞이해안로 1016) 🚌 請參考「這樣的日子裡」。🕐 10:00~19:00 💲 飲料類₩ 4,000~6,000、點心類₩ 5,000 📞 064-783-4847

月汀里海邊

월정리해변 | 📷

提到東海岸必去景點，首推月汀里海邊。這裡的海水是清澈、幾乎無雜質的青藍色，岸邊乳白色、被陽光照射得耀眼的細沙，襯著不定時變化，或淺亮、或深邃的蔚藍天空，即使是陰天也別具魅力。加上佇立遠方的大風車，一幅療癒心靈的畫面就此完成。

月汀里海邊有多家面海咖啡廳，不用擔心冬天無處可去或因海邊風大而覺得冷清，到月汀里的咖啡廳喝杯熱飲、欣賞海景，你絕對會訝異旅客比想像得還多。因為參加馬拉松、走偶來小路 20 號或單車環島，我不知在月汀里海邊停留過多少次，但每次短暫相會，感動不曾減過一絲一毫。

🚌 搭乘 701、910 號巴士在「舊左中央初等學校（구좌중앙초등학교）」站下車，往海邊方向步行約 500 公尺（地圖定位電話可參考下列店家。）

▲ 時間如同眼前美景瞬間凍結，心中尋找的那片寧靜天堂，也不過如此吧。

▲ 「成為鯨魚」是月汀里海邊人氣咖啡廳，除了店名很有浪漫想像空間，和其他咖啡廳不同的是，這裡沒刻意打造一大片面海座位，而以木作桌椅與樸實空間營造出獨特氛圍。室外一挖空四方形的洞牆可欣賞海景，是最熱門的取景角落。

▲ 月沙灘是結合咖啡廳與 Villa 的複合式店家，因堅持每間房間都要能看見海景，因此只提供 4 間海景雙人房。不在此住宿也沒關係，咖啡廳 2 樓就能享用一杯坐擁無敵海景的飲料。

成為鯨魚　고래가될

🏠 濟州市 舊左邑 月汀里 4-1 號（月汀 7 街 52 號）제주시 구좌읍 월정리 4-1（월정 7 길 52）🕐 10:00~20:00 📞 070-4409-1915

月沙灘　Dal Beach 달비치

🏠 濟州市 舊左邑 月汀里 13 號（迎日海岸路 474 號）제주시 구좌읍 월정리 13（해맞이해안로 474）📞 070-8147-0808、010-2717-6652

Lowa 로와

🏠 濟州市 舊左邑 月汀里 6 號（迎日海岸路 472 號）제주시 구좌읍 월정리 6（해맞이해안로 472）🕐 10:00~21:00 📞 064-783-2240

▲ 月沙灘隔壁的 Lowa，1 樓的室內空間加上 2 樓的露天躺椅座席，讓來到這裡的旅客動作幾乎一致，或坐或躺地放空，盡情享受魅力海景的洗禮，想來試一試嗎？

明珍鮑魚

명진전복 | 🍴

提到濟州島人氣第一的鮑魚石鍋拌飯，相信不少人會推薦明珍鮑魚。根據在地人說法，在明珍鮑魚吃過鮑魚石鍋拌飯才不枉此行。老闆在開餐廳前經營魚池十多年，有客人上門時，就由老闆娘準備鮑魚料理招待客人，原本就小有名氣，2012年7月正式營業後，立刻成為人氣餐廳。

招牌餐點鮑魚石鍋拌飯，除了有新鮮鮑魚，和別家不同之處是，拌飯內還加了南瓜、紅棗、蔬菜等食材和米飯一起烹煮，香氣滿溢、料多營養，吃進第一口就覺得先前的等待都值得了！鮑魚石鍋拌飯的正確吃法：上桌後先將拌飯拌勻、盛到另一個碗中，將熱水倒入石鍋中、蓋上木鍋蓋，先吃拌飯再吃鍋巴湯，完全不浪費石鍋拌飯的美意。

🏠 濟州市 舊左邑 坪岱里 515-28 號（迎日海岸路 1282 號）제주시 구좌읍 평대리 515-28 (해맞이해안로 1282) 🚌 搭乘 701、910、990 號巴士在「坪岱里事務所（평대리사무소）」站下車後，步行約 1.2 公里。🕐 09:30~18:30，休息時間 15:00~16:00，週二公休。💲 鮑魚石鍋拌飯（전복돌솥밥）₩ 15,000、烤鮑魚（전복구이）₩ 30,000 📞 064-782-9944 📋 因名氣太旺，要有候位至少半小時的心理準備。入店後先填寫黃色點餐單（在餐點名稱旁寫數量，餐名中韓對照請參考上述）與手機號碼（H.P 處），店員會以手機號碼末四碼為候位叫號依據，如不懂韓文，請向店員比手畫腳示意，方便店員依序提醒入桌。

日出休息站

해맞이쉼터 ㅣ 🍴

同樣位於坪岱里海邊的另一家人氣餐廳日出休息站，抵達後先入店領取螃蟹造型候位號碼牌，接著就欣賞海景等待叫號囉～必嘗餐點是海鮮拉麵和海鮮煎餅，不但價位平實、新鮮海鮮更是給得豪邁不手軟。原本就人氣超旺，因多家媒體與藝人登門造訪後，更成為排隊名店之一。我當時是 1 人前往，猶豫許久後點了海鮮煎餅，當煎餅一上桌我完全嚇傻！幾乎是一個 8 吋披薩大小、厚度約 1.5 公分，料多味美且紮實的分量，我吃了 3 片就撐飽投降、剩下的打包帶走。下次絕對要再去享用海鮮拉麵！

▲ 日出休息站隔壁的 Mani 咖啡廳，最引人注目的就是放置於戶外草地上、面海的亮紅色躺椅，可悠哉愜意的半躺欣賞海景，充滿度假氣息。室內則是明亮溫馨的風格，在日出休息站用餐後，來這裡喝杯咖啡配海景，是不是一個奢侈的安排呢？

日出休息站 해맞이쉼터

🏠 濟州市 舊左邑 坪岱里 2033-19 號（迎日海岸路 1116 號）제주시 구좌읍 평대리 2033-19（해맞이해안로 1116） 🚌 搭乘 701、910 號巴士在「溪龍洞（계룡동）」下車後，步行約 600 公尺。🕐 11:30~20:30，週二公休 💲 海鮮拉麵（해산물모둠라면）₩ 6,000、海鮮煎餅（해산물파전）₩ 12,000 📞 064-782-7875 @ blog.naver.com/pdbada2011

Cafe Mani 카페 마니

🏠 濟州市 舊左邑 坪岱里 2033-1 號（迎日海岸路 1112 號）제주시 구좌읍 평대리 2033-1（해맞이해안로 1112）🕐 11:00~19:30 📞 [D]064-7129-7533、010-8675-4835

海女博物館

해녀박물관 ｜ 📷

海女是濟州文化特色之一，濟州女性僅需戴上蛙鏡，拿著泳圈或浮力球、收集捕獲物的網袋、挖採器具，即可潛入海中捕海螺、鮑魚或摘取海帶。鄰近細花海邊的海女博物館即是爲了推廣並傳承濟州獨特的海女文化而建立，以「海女的生活」爲核心，展示修復過的海女舊居、日常飲食、服裝與使用的各種器具等，同時展示海女參與抗日運動的各種記錄與相關史料，可認識海女及其對濟州經濟發展的影響與重要性。

🏠 濟州市 舊左邑 下道里 3204-1 號（海女博物館街 26 號）
제주시 구좌읍 하도리 3204-1（해녀박물관길 26）🚌 搭乘701、910、990 號巴士在「海女博物館（해녀박물관）」站下車。🕐 09:00~18:00，每月第 1、3 個週一、元旦、春節、中秋休館。💲成人₩ 1,100、青少年₩ 500 ☎ 064-782-9898 @ www.haenyeo.go.kr（韓、英、日、簡中）

咖啡工作站

カフェ 공작소 | ⚔

很常看到分享的濟州熱門拍照場景：矮堤防上的手工木製一桌二椅，桌上擺著一個花盆，主角以海為背景或側坐、或對坐，或是看著海景的背影……這拍照的所在位置就在細花海邊的咖啡工作站外。這是一家銷售濟州手作紀念品的複合式咖啡廳，店主人非常有藝術工作者氣質，咖啡廳還提供素描本和色鉛筆，歡迎造訪之人留下隻字片語，紀念曾經停留的痕跡。

🏠 濟州市 舊左邑 細花里 1477-4 號（迎日海岸路 1446 號）제주시 구좌읍 세화리 1477-4 (해맞이해안로 1446) 🚌 搭乘 701、910、990 號巴士在「細花里（세화리）」站下車後，步行約 500 公尺。🕙 10:00~20:00 💲 飲料類 ₩ 3,500~5,500 📞 070-4548-0752

바다가
참 아름답다
보고싶다...

咖啡村

카페동네 | 🍴

雖然大多數咖啡廳以海景為主要訴求，但也有不在海邊、各具特色的咖啡廳分散在濟州島各處。同樣位在終達里的「咖啡村」和「看不見海」即屬後者。咖啡村溫馨的氛圍能讓來客放鬆休息，因地勢之故，大門旁可欣賞村落景觀的面窗座位，是這家店景觀最佳的角落。雖然是咖啡廳，但咖啡村最推薦的餐點是紅蘿蔔冰。

🏠 濟州市 舊左邑 終達里 841-1 號（終達路 5 街 23 號）제주시 구좌읍 종달리 841-1 (종달로 5 길 23) 🚌 搭乘 701、910 號巴士在「終達初等學校（종달초등학교）」站下車，步行 200 公尺。🕙 10:00~18:00，週二、春節、中秋公休 💲 Dutch Coffee（더치커피）₩ 3,500~5,500、Hand Drip Coffee（핸드 드립 커피）₩ 5,000、Panini（파니니）₩ 7,000~11,000、紅蘿蔔冰（당근빙수）₩ 9,000 📞 070-8900-6621

看不見海

바다는안보여요 ┃ 🍴

與咖啡村相距不到 100 公尺的「看不見海」，直接在店名就點出自己的特色，實在太可愛！以偶來小馬點綴室內空間，不但溫馨也更活潑，因位在 1 號偶來小路上，走偶來小路時可在此稍作休息。

🏠 濟州市 舊左邑 終達里 884-1 號（終達路 5 街 31-1 號）제주시 구좌읍 종달리 884-1 (종달로 5 길 31-1) 🚌 請參考「咖啡村」。🕐 10:00~20:00；週三休 $ 美式咖啡（아메리카노）₩ 4,000、手滴咖啡（핸드드립커피）₩ 5,000、紅蘿蔔汁（당근주스）₩ 5,000 📞 064-782-4518

小心書房

소심한 책방 ┃ 🛍️

和位在濟州市的 Like It、南園的 Labas Books 一樣，小心書房是隱身在終達里民宅村落間的特色小書店，鄰近咖啡村、看不見海咖啡廳，位在 1 號偶來小路上，據說定居濟州島的李孝利也曾造訪。店主人偶爾會臨時店休，我就撲了個空，若打算專程前往，建議事先電洽確認是否營業。

🏠 濟州市 舊左邑 終達里 737 號（終達東街 29-6 號）제주시 구좌읍 종달리 737 (종달동길 29-6) 🚌 從「看不見海」步行約 400 公尺。🕐 平日 10:00~18:00、週末 13:00~19:00，有時公休，建議電話洽詢 📞 010-6374-1826 @ sosimbook.com

吾照海女之家

오조해녀의집 ┃ ❚❙

吾照里鄰近城山日出峰、前往牛島必經的城山港，聚集不少餐廳與民宿。其中最知名的為吾照海女之家。和其他海女之家一樣，可大啖新鮮鮑魚、海螺、海參，綜合生魚片或烤魚也深受歡迎，不過人氣最高的招牌餐點當屬鮑魚粥。

🏠 西歸浦市 城山邑 吾照里 3 號（韓道路 141-13 號）서귀포시 성산읍 오조리 3 （한도로 141-13） 🚌 搭乘 701、910 號巴士在「吾照海女之家（오조해녀의집）」站下車後，步行可分別前往吾照海女之家和大海之家。🕐 06:00~23:00 💲 鮑魚粥（전복죽）₩ 11,000、鮑魚（전복）₩ 110,000 📞 064-784-0893

大海之家

바다의집 ┃ ❚❙

位於城山邑吾照里海岸道路旁的大海之家，可吃到海膽拌飯、海螺海膽湯等濟州傳統美食。與吾照海女之家均位在 1 號偶來小路上，是走偶來小路時祭五臟廟的好選擇。

🏠 西歸浦市 城山邑 吾照里 366-1 號（迎日海岸路 2758 號）서귀포시 성산읍 오조리 366-1 （해맛이해안로 2758） 🕐 08:00~21:00 💲 海膽拌飯（성게비빔밥）₩ 15,000、海螺海膽湯（보말성게국）₩ 10,000、紅燒白帶魚（갈치조림）₩ 30,000 📞 064-784-8882

B 日常雜貨店

B 일상잡화점 ｜ 🛍️

距Slow Trip Guesthouse（請見 P248）約 150 公尺的 B 日常雜貨店，專門銷售生活禮品，店內空間小巧，擺滿了琳瑯滿目的各種個性小物，讓小店更顯可愛。據說李孝利曾到訪過。如在 Slow Trip 住宿或走 2 號偶來小路時，可到此瞧瞧。

🏠西歸浦市 城山邑 吾照里 747-1 號（吾照路 95 號街 1 號）서귀포시 성산읍 오조리 747-1 (오조로 95 번길 1) 🚌 搭乘 701、910 號巴士在「吾照里上洞入口（오조리상동입구）」站下車，步行 400 公尺。🕙 10:00~17:00，週日公休 📞 010-5473-1202 @ blog.naver.com/bilsang

景美休息站

경미휴게소 ｜ 🍴

城山日出峰附近有不少濟州在地風味餐廳，開業已有 20 年的景美休息站就是其一。這裡店面小巧樸實，座位僅能容納約 10 多人，使得等待入桌的顧客隊伍沒停歇過。必吃人氣餐點是放了章魚、貝類、海帶、蔬菜的海鮮拉麵，如果不趕行程、有時間排隊等待的話，一定要試試這平價超值的海鮮拉麵。

🏠西歸浦市 城山邑 城山里 145-4 號（日出路 259 號）서귀포시 성산읍 성산리 145-4 (일출로 259) 💲 海鮮拉麵 (해물라면) ₩ 5,000、煮章魚生魚片 (문어숙회) ₩ 20,000 📞 064-782-2671

城山日出峰

성산일출봉 ｜ 📷

城山日出峰是一定要推薦給初訪濟州遊客的定番景點！海拔高 182 公尺，因 10 萬年前火山爆發而形成，城山日出峰頂部巨大的火山噴口直徑 600 公尺、深 90 公尺，面積達 8 萬多坪，原先為單獨的火山岩，經年累月的沙子和碎石堆積後，與濟州本島陸地連接。此處於 2007 年正式登錄成為 UNESCO 世界自然遺產，在峰頂觀賞日出更是濟州十大美景之最。出售票口攀爬至頂峰約需半小時，如果想看日出搭配城山日出峰的景致，可到廣峙其海邊一覽完整的日出美景。

🏠 西歸浦市 城山邑 城山里 114 號（日出路 284-12 號）서귀포시 성산읍 성산리 114（일출로 284-12）🚍 搭乘 701、710、710-1、910 號巴士在「日出峰入口（일출봉입구）」站下車後，步行約 300 公尺即抵入口。🕐 日出前 1 小時～日落後 1 小時（05:00~20:00，冬季 06:00~19:00）💲 成人 ₩ 2,000、青少年 ₩ 1,000、兒童 ₩ 1,000 📞 064-783-0959、064-710-7923

涉地可支

섭지코지 | 📷

　「涉地」是此地區古代時的名稱，「可支」
　是濟州島方言，指向外突出的地形。涉
地可支所在處是海岸懸崖，在海岸上聳立一塊
名為「仙石」的岩石。因為蜿蜒的懸崖岩石加
上略微起伏的地勢，讓涉地可支的景觀更具特
色，登上涉地可支的燈塔，可將海岸風景一覽
無遺，每年 4 月的油菜花時節，涉地可支景色
更為動人。在涉地可支上還有 All in House、
Glass House 與 Genius Loci 等特色建築，搭
配自然美景，景觀風格獨具。

🏠西歸浦市 城山邑 古城里 87 號（涉地可支路 107 號）서귀포
시 성산읍 고성리 87（섭지코지로 107）🚌搭乘 701、910 號巴
士在「新陽里入口（신양리입구）」站下車，步行約 2 公里，
由鳳凰島度假村入口處步行前往。🕐日出前 1 小時～日落後 1
小時（05:00~20:00，冬季 06:00~19:00）💲免費參觀 📞064-
782-2810

▲　因韓劇《All in》熱播後而成立的 All in House，
　　是韓國首座連續劇紀念館，原本展出劇中相關
　　情境與使用過的道具等，2014 年改造後變身
　　為糖果屋，就不確定是否仍保留相關展示。

Glass House

글라스하우스 | 📷

涉 地可支燈塔附近有座很特別的建築、隸屬鳳凰島度假村的 Glass House，是日本建築大師安藤忠雄在濟州島的三大作品之一（另兩者為 Genius Loci、本態博物館），一貫的清水模、融和線條與幾何外觀，加上庭園造景，成為涉地可支的獨特風景。Glass House 一樓為 ZIPPO Museum，二樓的 Mint 餐廳則以大片落地玻璃建成牆面，引進自然光線，可以觀賞日出、日落海景與夜晚星空，這裡也是韓劇《仁顯王后的男人》拍攝地。

Mint Restaurant 민트 레스토랑

🏠 西歸浦市 城山邑 古城里 46 號，서귀포시 성산읍 고성리 46 🕐 12:00~21:00 💲 午餐 set ₩ 40,000、飲料 ₩ 7,000 起 📞 [D]064-731-7773 @ www.phoenixisland.co.kr（韓、英、日、簡中）

Genius Loci

지니어스 로사이 | 📷

同樣隸屬鳳凰島度假村的 Genius Loci，亦是安藤忠雄之作。Genius loci 源自希臘詞彙，意為「場所精神」，安藤忠雄從濟州的自然環境取得靈感，結合了風、光、水、濟州石頭等自然元素，設計出 Glass House 和 Genius Loci 這素材同中卻大有異趣的 2 個作品。和外顯醒目的 Glass House 相較，Genius Loci 低調內斂許多。

　　與能欣賞美景的 Glass House 不同，Genius Loci 提供了如其名意義般、讓人沉澱的場所，透過動線導引，參觀者從寬闊明亮的戶外空間，穿過清水模和濟州岩石之間越見高聳牆面的狹長走道，在好奇接下來會指引你前往何方的同時，漸漸走進內斂、低光源的室內，其中的咖啡廳更是幾近漆黑。從原本在欣賞美景與建築，隨著身邊環境氛圍的變化，展開和自己的心靈對話。如果沒打算用餐，比起 Glass House 我更愛 Genius Loci 的多。

🏠 西歸浦市 城山邑 古城里 21 號，서귀포시 성산읍 고성리 21 🕐 09:00~18:00 💲 成人／青少年 ₩ 4,000、兒童 ₩ 2,000 📞 [N] 064-731-7791

金永甲藝廊頭毛岳

김영갑 갤러리 두모악 | 📷

以漢拏山的舊名「頭毛岳（두모악）」命名的藝廊，是攝影師金永甲在深受肌肉萎縮症所苦、無法從事攝影後，以毅力克服行動不便的身體，親手改造廢置的三達小學，展示他 20 多年來以濟州景色為主題的攝影作品。

　金永甲對濟州自然美景極度著迷，他可以同一個景點一年四季多次前往，或是在一座小火山前、一片草原上待一整天，只為觀察並記錄陽光、雲霧、微風和天空、草原、樹木等自然環境的細微變化，作品在在展現其用生命熱愛濟州的情感。藝廊裡也展示金永甲生前使用的物品，庭院中點綴著土偶與石偶，精巧可愛。園區裡有一間無人咖啡廳，可依照咖啡機旁的指示，為自己準備一杯熱飲。

🏠 西歸浦市 城山邑 三達里 437-5 號（三達路 137 號）서귀포시 성산읍 삼달리 437-5（삼달로 137） 🚌 搭乘 701、910 號巴士在「三達 2 里（삼달 2 리）」站下車後，步行約 1.5 公里。910 號巴士有停靠「金永甲藝廊（김영갑갤러리두모악）」，但班次不多。🕐 09:30~18:00（11~2 月至 17:00），週三、元旦、春節、中秋休館 💲 成人 ₩ 3,000 📞 064-784-9907 @ www.dumoak.co.kr（韓、英）

山岳咖啡

카페오름 | ␣🍴

金永甲藝廊斜對面的山岳咖啡，怡人的庭院景觀、明亮舒適的空間，很適合參觀完金永甲先生的作品後，到此享用輕食餐點。

🏠 西歸浦市 城山邑 三達里 258-1 號（三達路 128 號）서귀포시 성산읍 삼달리 258-1（삼달로 128）🕐 10:00~20:00，週三休 💲 illy 咖啡（일리커피）₩ 4,000、野梅優格思慕昔（베리베리 요거트스무）₩ 6,000、貝果（베이글）₩ 2,500 📞 064-784-4554 @ blog.naver.com/orumcafe（韓）

旁迪

방듸 | 🍴

　「旁迪」源自城山的舊稱，鄰近新陽涉地可支海邊與涉地可支，旁迪的室內空間相當溫馨，1樓擺設許多專業咖啡器具，其最拿手的便是純手磨咖啡，冰滴式咖啡（dutch coffee）尤其聞名，不少遊客慕名而來，和我有幾小時緣分的臨時旅伴就真的特地到此外帶一瓶。除了香氣十足的咖啡，在炎熱的夏天可以來份綜合水果冰，讓在涉地可支漫步的開心高漲情緒稍稍清涼降溫一下。不過分量很大，1個人吃不完，建議2人食用。

🏠 西歸浦市 城山邑 古城里 209-2 號（涉地可支路 48 號）서귀포시 성산읍 고성리 209-2 (섭지코지로 48) 🕐 10:00~22:00（週四 14:00 營業）💲飲料類 ₩ 4,000~6,000、水果冰（과일팥빙수，4~10 月供應）₩ 15,000 📞 064-782-3541

濟州水上星球
Aqua Planet Jeju

아쿠아플라넷 제주 | 📷

　同樣位在涉地可支的濟州水上星球是韓國最大海洋樂園，這裡可以看到巨大鯨鯊、鬼蝠魟、海豚等 450 種類的海洋生物，適合全家大小一同參觀。

🏠 西歸浦市 城山邑 古城里 127-1 號（涉地可支路 95 號）서귀포시 성산읍 고성리 127-1 (섭지코지로 95) 🕐 10:00~19:00 💲成人 ₩ 39,000、兒童 ₩ 35,400 📞 064-780-0900 @ www.aquaplanet.co.kr/jeju（韓、英、簡中、日）

風可支壁畫村

바람코지 벽화마을 | 📷

和 濟州市區的都盟伊胡同壁畫村相較，位在城山邑新川里的風可支壁畫村附近沒有知名景點，鮮少遊客，讓這裡成為祕境景點。2014 年，電影《Sunshine》（설지）在此拍攝期間，與村莊產生了感情，希望在結束拍攝後回饋村莊，於是號召一群藝術家共同參與，透過壁畫創作再現村莊活力，因此形成風可支壁畫村。此處位於 3 號偶來小路上，可順道走訪。

📍 定位參考：新川里福祉會館 신천리복지회관🏠西歸浦市城山邑 新川里 478-7 號（新川西路 5 號）서귀포시 성산읍 신천리 478-7 (신천서로 5) 🚌 搭乘 701、720 號巴士在「新川里（신천리）」站下車，即可看到壁畫村入口。📞 064-787-0157

▲ 鄰近壁畫村的巴士站附近有大幅壁畫，看到就表示沒找錯地方。

▲ 巷子入口處有導覽地圖，可先參考一下再開始尋找你喜歡的壁畫作品。

▲ 風可支壁畫村另一端是海邊，逛完壁畫村後可到堤防欣賞海景。

濟州民俗村博物館

제주민속촌박물관 ｜ 📷

如同京畿道的韓國民俗村，完整保存 100 多年前濟州風貌的濟州民俗村博物館，可看到山村、中山間村、漁村等多達 117 個傳統家屋，以及宮衙、市集、民俗表演場、農具展示館等，另外還有 5 萬坪的文化空間，展示上千件木器、陶瓷器、土製器皿、蠟製物品、鐵器等，為濟州之最，適合想探訪濟州傳統生活文化的旅人。因為完整呈現富含歷史人文氣息的濟州傳統村落樣貌，韓劇《大長今》、《仁顯王后的男人》、《好日子》都曾在此取景。

🏠西歸浦市 表善面 表善里 40-1 號（民俗海岸路 631-34 號）서귀포시 표선면 표선리 40-1（민속해안로 631-34）🚌搭乘 720、720-1 號巴士在「表善濟州民俗村（표선제주민속촌）」站下車；或搭乘 701 號巴士在「表善里事務所（표선리사무소）」站、「表善里濟州銀行（표선리 제주은행）」下車後，步行約 1 公里。🕐 08:30~17:00 💲成人₩9,000、青少年₩6,000、兒童₩4,500 📞064-787-4501 @ www.jejufolk.com（韓、英、日、簡中）

▶ 濟州民俗村博物館外的
表善日光海邊,由細白
沙灘組成,是濟州看日
出的熱門景點之一。海
邊有露營場、停車場、
淋浴場等設施,加上每
年8月會舉辦表善海邊
白沙節,豐富的活動相
當熱鬧。

Warang Warang

와랑와랑 | ⚙

位在南元邑的為美村，因為美港寧靜閒逸的海岸景觀，加上東柏樹群落地與每年春天的浪漫櫻花道（請見 P198），可在此找到不少特色餐廳、咖啡廳與民宿，與濟州市區、西歸浦市區和城山相較，這裡韓國遊客很多，較少外國臉孔，充滿在地風味。

東柏群落附近的 Warang Warang，因為走偶來小路經過而引起我的注意，後來利用探訪東柏花時前往。這裡沒有喧鬧人潮，適合一個人靜靜望著窗外景觀，好好享受一杯咖啡的悠閒。有意思的是，屋頂緣上一隻貓咪走動的剪影十分俏皮，猜想店主人應該有養貓吧？結果是一隻可愛乖巧的雪納瑞，三不五時坐在牠的專屬椅子望著門外風景。

🏠 西歸浦市 南元邑 為美里 875-1 號（為美中央路 300 號街 28 號）서귀포시 남원읍 위미리 875-1（위미중앙로 300 번길 28）🚌 搭乘 100、701、730、730-1、930 號巴士在「細川洞（세천동）」站下車後，步行 500 公尺。🕐 11:00~18:00，週一公休 💲 飲料類 ₩ 4,000~6,000 📞 070-4656-1761

瑞英的家

서연의집 ｜ 🍴

韓國賣座電影《建築學概論》掀起一片初戀熱潮，其中重要場景「瑞英的家」，原本是為電影劇情設定而打造的建築，電影拍完後，曾因颱風侵襲被破壞，經重新施工改建成咖啡廳對外營運，吸引許多影迷慕名前往。這裡也是韓綜《我們結婚了》第 4 季的泰民與孫娜恩進行首次拍攝之處。瑞英的家最讓人憧憬的浪漫角落，首推可飽覽完整海景的大片折疊式玻璃窗臺。咖啡廳內朝聖人潮從未間斷，我前往好幾次，才終於能找個角落喝咖啡、品嘗窗外風光，若想來此一遊，建議別抱持想圖個清幽的心情前往……

🏠 西歸浦市 南元邑 為美里 2975 號（為美海岸路 86 號）서귀포시 남원읍 위미리 2975 （위미해안로 86） 🚌搭乘 100、110、120、130、701、730、730-1、910、930 號巴士在「為美初等學校（위미초등학교）」站或「大和洞（대화동）」站下車，步行約 600 公尺。🕐 09:00~21:00 💲飲料類 ₩ 3,500~7,000 📞 064-764-7894 @ cafedeseoyeun.tistory.com（韓）

Labas Books

라바북스 |

位在南園為美里的 Labas Books，約 20 坪空間可找到藝術、設計、旅行、攝影等主題書籍，以及特色文具小物，也會不定期舉辦相關主題活動，是頗具想法的個性書店。

🏠 西歸浦市 南元邑 為美里 3192-5 號（太衛路 87 號）서귀포시 남원읍 위미리 3192-5（태위로 87）
🚌 搭乘 100、701、730、730-1、930 號巴士在「為美文化之家（위미문화의집）」或「為美 1 里事務所（위미 1 리사무소）」站下車，步行約 100 公尺。
🕐 11:00~18:00，每週三／每月第 3 個週四公休 📞 010-4416-0444 @ www.labas-book.com

供川 59

공새미 59 | 🍴

供川 59 隱身公泉浦港巷弄內，餐廳還銷售可愛布偶等居家擺飾。我在普通（請見 P249）住宿時，民宿主人推薦我到此用餐，當時附近感覺沒什麼遊客，晚餐時間踏進店裡居然有約 5 組客人在用餐。供川 59 招牌餐點為鮮蝦蓋飯和豬肉蓋飯，居然還有中文 menu！《超人回來了》嚴泰雄和智蘊也曾到訪過。

🏠 西歸浦市 南元邑 新禮里 60-3 號（公泉浦路 59-1 號）서귀포시 남원읍 신례리 60-3（공천포로 59-1）
🕐 09:30~22:00，週二公休 💲 鮮蝦蓋飯（딱새우）₩ 8,000、醬汁豬肉蓋飯（돼지고기간장덮밥）₩ 8,000 📞 070-8828-0081

Yone 商會

요네상회 | 🍴

緊鄰為美港的公泉浦港，是南元邑民宿、餐廳、咖啡廳較集中的一區，方圓2公里範圍內匯集了近20家民宿與10多家餐廳、咖啡廳。Yone 是融合咖啡廳、餐廳與生活雜貨的複合式商店，面海窗前座位可欣賞港口景觀，更是蘇志燮在《好日子》裡曾坐過的位置！雖是《好日子》的拍攝地，但供應餐點是義大利麵，可吃不到劇中的海鮮麵喔。

Yone 隔壁的 Yuna 咖啡廳（유나카페），也是《好日子》拍攝地之一，劇中取景處是在2樓露天座位。

🏠西歸浦市 南元邑 新禮里 30-6號（公泉浦路 83 號）서귀포시 남원읍 신례리 30-6 (공천포로 83) 🚌搭乘8、100、110、120、130、701、730、730-1、910、930號巴士在「公泉浦（공천포）」站下車後，步行約100公尺。🕐12:00~21:00，午餐12:00~14:00／晚餐18:00~20:00，週二公休 💲飲料類 ₩4,000~6,000，Pasta 類 ₩10,000 📞010-7737-0299

Theme 5

西海岸

서해안

　　和東海岸相較，西海岸雖沒有城山日出峰等壯麗景觀，卻是欣賞浪漫夕陽海景不可錯過之處。從涯月到翰林沿海一帶，除了必去的漢潭海岸散步路、挾才海邊等引人入勝的沿海美景，還有不少人氣餐廳與咖啡廳可嘗鮮。

　　翰林以南的西南沿海遊客較少，且有不少在地人推薦的隱藏景點，如月令里仙人掌自生地、新昌風車海岸道路。同樣為火山形成但因不同樣貌、各具魅力的水月峰、松岳山、山房山，融合了山景與海景，雖然需要走一小段路可能稍微辛苦些，但隨著步行移動，山海交融的視野變化，只要親臨一趟就能體會其魅力！

做料理的木匠
요리하는목수 ㅣ 🍴

因為韓綜《爸爸去哪兒？》的金成柱和宋鍾國造訪後，讓做料理的木匠一夕爆紅！必點招牌是以濟州特產黑豬肉製成、高達 30 公分的「瘋狂木匠漢堡」，漢堡共有 2 層，每層都有厚實一大球的黑豬肉餅

為主角，加上培根、薯餅、鳳梨、雞蛋及起司，淋上特製醬料，視覺味覺都是大滿足！當餐點上桌時，我的第一反應就是驚呼（相信每個到此的人都會像我一樣，這高度真的太瘋狂！），第二反應就是拿出相機拍照（記錄這驚嚇的一刻），因為漢堡高度太高，還得靠店員扶穩端上桌，等顧客拍完照後，再將漢堡移一層下來，才能「安全」開動～因為分量十足，建議 2 人以上食用，漢堡吃不完雖然可以打包，但沾了醬汁的麵包會變得濕軟不好吃唷！

🏠 濟州市 涯月邑 舊嚴里 1235 號（涯月海岸路 672 號）제주시 애월읍 구엄리 1235（애월해안로 672）🚌 搭乘 702、770、900、950、960、970、971 號巴士在「舊嚴里（구엄리）」站下車後，步行約 900 公尺。🕐 10:00~21:00，16:20~17:00 休息，週三公休。💲 瘋狂木匠漢堡（미친목수버거）₩ 22,000、海鮮炒碼麵（해물짬뽕）₩ 10,000 📞 [D]070-8900-2155

Gobullak

고불락 | 🍴

Gobullak 在高內里海邊的「散步（산책）」無人咖啡廳旁巷內，也同時經營 guesthouse。這裡的招牌生菜飯，就是韓國節目中經常可看到的生菜包飯，比較特別的是，這裡的生菜飯是以調味過的手抓飯糰，以一口分量大小擺在生菜上，方便客人食用，別具巧思又很貼心！

🏠 濟州市 涯月邑 高內里 1164-1 號（高內路 7 街 45-12 號）제주시 애월읍 고내리 1164-1（고내로 7 길 45-12）🚌 搭乘 702、770、950、966、970 號巴士在「高內里（고내리）」站下車，步行約 500 公尺。🕐 08:00~20:00 💲 生菜飯（상추밥）₩ 10,000、黑豬肉泡菜鍋（도새기김치찌개）₩ 8,000

紅池香草農場

붉은못 허브팜 | 🍴

濟州美食有個很有趣之處：非常喜歡推出超大分量餐點，舉凡海鮮鍋、超長烤魚、披薩、漢堡等。紅池香草農場除了銷售手工皂、身體保養品、香草茶等香草製品，其最為人熟知的是旗下餐廳的招牌餐點——直徑超過 20 公分的特大香草漢堡！以新鮮香草製作出鬆軟的漢堡麵包，加上餡料後分量十足，在濟州的 6 家分店都可吃到。為了讓顧客可以同時享用海鮮麵，也推出半份的漢堡，適合 2 人以上歡樂共享。

🏠 濟州市 涯月邑 涯月里 2052 號（涯月海岸路 11 號）제주시 애월읍 애월리 2052（애월해안로 11）🚌 搭乘 702、960、962 號巴士在「新設洞（신설동）」站下車，步行 300 公尺。🕐 09:00~21:00 💲 大香草漢堡（빅허브햄버거）₩ 17,000、海鮮拉麵（해물또오멘）₩ 12,000 📞 [D]064-799-4589、[N]064-799-4583

Slobbie

슬로비 | 🍴

Slobbie 的概念來自「緩慢但美好」，使用農家直送或傳統市場選購的當季食材，以不添加調味料的健康料理為訴求，提供韓式套餐、麵包、甜點。

Slobbie 目前有 3 家門市，第 1、3 店分別在首爾的弘大、城北，濟州涯月店為 2 店。Slobbie 還有廚房工作室空間，不定期舉辦料理、研討會等活動，店內銷售生活雜貨，更出版《Slobbie 生活》雙月刊，推廣慢活、健康環保的生活概念。3 家店的招牌餐點各有不同，濟州涯月店的推薦餐點為拌飯、蘿蔔湯與濟州黑麵包套餐。

🏠 濟州市 涯月邑 涯月里 1587 號（涯月路 4 號）제주시 애월읍 애월리 1587（애원로 4）🚌 搭乘 702、960、962 號巴士在「涯月里（애월리）」站下車後，步行 50 公尺。餐廳位置就在涯月里事務所（애월리사무소）處。🕐 11:00~21:00，15:00~17:00 休息 💲 濟州石麵包（제주돌빵）₩ 5,000、涯月拌飯（애월비빔밥）₩ 9,000、鮮蝦奶油義大利麵（새우크림파스타）₩ 15,000 📞 064-799-5535 @ www.slobbielife.net（韓）

漢潭海岸散步路

한담해안산책로 | 📷

漢潭海岸散步路是從漢潭到郭支海邊、長約 **1.2** 公里的沿海小徑,在藍天白雲襯托下,沿岸因海浪沖擊形成各種奇岩異石,加上多種野生植物在四季分別綻放,尤其春天的油菜花季更是美麗,很建議從郭支海邊出發往北步行,抵達漢潭後即可前往春日、Nolman 和 Monsant 等咖啡廳,喝杯咖啡、來份海鮮麵,讓這段散步行程更充實完美!

🚌 搭乘 702、950、966 號巴士在「郭支郭水海邊(곽지과물해변)」站下車,往海邊方向步行約 500 公尺。

▲ 海邊還有露天泡腳池,可體驗看看～

春日

봄날 | 🍴

漢潭海岸散步路的北端盡頭，有幾家人氣店讓此處成為遊客絡繹不絕之處。首先要介紹的是春日。遠遠地看到建築物上一個巨大咖啡杯，就是春日的招牌，這是一家咖啡廳與 guesthouse 複合店。咖啡廳擁有無敵海景，本來就是漢潭的人氣店家，加上 GD、朴信惠曾在此拍攝節目與廣告，2015 年又成為韓劇《心情好又暖》主要場景，讓春日聲名大噪。由於人氣實在太旺，我曾前往數次卻沒一次成功入座。店裡還有主人飼養的柯基犬，非常會盡地主之誼與客人玩耍，可愛得讓人捨不得離開！

Nolman 就在春日隔壁，是販售章魚海鮮麵的小店，據說麵裡的海鮮是店主人親自下海抓捕，料多實在、湯汁鮮美無比而遠近馳名。綜藝節目《無限挑戰》、《超人回來了》光顧後人氣更直線暴漲。同春日，數次前往仍向隅，甚至還遇過店家因海鮮捕獲量不足而臨時店休。看來人氣餐廳想順利達陣，果然要靠緣分啊～

春日 봄날

🏠 濟州市 涯月邑 涯月里 2540 號（涯月路 1 街 25 號）제주시 애월읍 애월리 2540（애월로 1 길 25）🚌 搭乘 702、960、962 號巴士在「漢潭洞（한담동）」站下車後，步行約 300 公尺。🕐 09:00~20:00 💲 美式咖啡（아메리카노）₩ 4,000 📞 064-799-4999 @ www.jejubomnal.com（韓）

Nolman 놀맨

🏠 濟州市 涯月邑 涯月里 2530 號（涯月路 1 街 24 號）제주시 애월읍 애월리 2530（애월로 1 길 24）🚌 請參考「春日」。🕐 10:00~18:00（抵達先取號碼牌，並要有可能等待 1 小時以上的心理準備）。💲 海鮮拉麵（해물라면）₩ 6,000 📞 064-799-3332 @ www.nolman.com（韓）

Monsant

몽상 ｜ 🍴

2015 年 10 月開幕即造成轟動、成為西海岸新
地標的 Monsant，賣點不是別的，就是店老
闆——天團 Big Bang 的 GD！Monsant 坐擁廣
闊的漢潭海景，加上個性的空間規畫，本身就是
家風格獨具的特色咖啡廳，加上是 GD 開的店，
成為 Big Bang 粉絲和喜歡 K-Pop 的人到濟州必朝
聖之處。若時間充裕，可在此欣賞夕陽海景直到
夜幕降臨，應該是個不錯的安排。

🏠 濟州市 涯月邑 涯月里 2546 號（涯月北西街 56-1 號）제주시
애월읍 애월리 2546（애월북서길 56-1）🚌 請參考「春日」。🕐
11:00~20:00 💲 飲料類 ₩ 4,000~8,000、甜點類 ₩ 3,000~6,000 📞
064-799-8900

Cafe Maggie

매기의추억 ｜ 🍴

會特別注意到 Cafe Maggie，不為別的，因為這裡是蘇志燮演出《好日子》與客串《心情好又暖》的拍攝地。保留濟州傳統屋舍外觀與架構，還有小巧庭園的 Cafe Maggie，其所在位置附近沒熱門景點，少了熙攘人潮，更能好好享受悠閒的咖啡時光。我向店主人 Maggie 提起我來自臺灣、是因為蘇大叔而造訪時，Maggie 非常訝異，還很開心地將蘇大叔在《好日子》裡所坐的位置指給我看。推薦面海的窗前座位，當然，這裡就是蘇大叔曾待過的座位之一唷（笑）。

🏠 濟州市 翰林邑 歸德里 4142-1 號（翰林海岸路 595 號）제주시 한림읍 귀덕리 4142-1（한림해안로 595）🚌 搭乘 702 號巴士在「歸德 2 里（귀덕 2 리）」站下車，往海邊方向步行約 500 公尺。🕐 10:00~19:00，週三休 💲 飲料類 ₩ 4,000~7,000、甜點類 ₩ 4,000~4,500 📞 070-7722-1876

花飯

꽃밥 | 🍴

郭支海邊附近的花飯，由濟州傳統住家改造，卻有著可愛粉紅色屋頂。推薦的生菜包飯套餐主菜是炒黑豬肉與烤鴨肉，加上沙拉、綠豆煎餅、大醬湯等多樣美味小菜，以及餐後茶飲，僅₩ 11,000 就可享用滿桌韓式套餐（一個人用餐也 OK）。若是吃膩海鮮料理，花飯是不錯的選擇。

🏠 濟州市 涯月邑 郭支里 1540-2 號（日出西路 6059 號）제주시 애월읍 곽지리 1540-2（일주서로 6059）🚌 搭乘 702、950、966 號巴士在「郭支甘水（곽지모물）」站下車，步行 50 公尺。🕐 11:30~20:00（15:00~17:00 休息），週二公休 💲 野菜拌飯（야채비빔밥）₩ 7,000、大醬生菜包飯定食（강된장 쌈정식）₩ 11,000 📞 064-799-4939

寶榮飯店

보영반점 | 🍴

位在翰林市區、鄰近翰林每日市場（한림매일시장）的寶榮飯店，自 1967 年開店至今已近 50 年歷史，是中華料理老店。除了必點的炸醬麵、糖醋肉，特別推薦乾炒海鮮麵，喜歡吃辣的可以嘗試看看，不過乾炒海鮮麵的料和麵條分量很多，一個人要吃完會有些辛苦。

🏠 濟州市 翰林邑 翰林里 1305-16 號（翰林路 692-1 號）제주시 한림읍 한림리 1305-16（한림로 692-1）🚌 搭乘 702、950、960、966 號巴士在「翰林加油站（한림주유소）」站下車，步行 50 公尺。🕐 11:00~20:30，每月第 2、4 個週四公休。💲 乾炒海鮮麵（간짬뽕）₩ 7,500、糖醋肉（탕수육）₩ 20,000、炸醬麵（자장면）₩ 4,500 📞 064-796-2042

挾才海邊

협재해변 | 📷

　若說濟州東海岸必訪月汀里海邊，那西海岸就是挾才海邊了。和月汀里海邊的大風車景觀截然不同，挾才海邊可以飛揚島為背景，欣賞藍天、細白沙灘、清澈海水交織而成的美麗風光，此處的夕陽也不容錯過。海邊設有更衣室、淋浴室、休息處、飲水臺、洗手間等各種設施，可在松樹林區露營，每到夏天更是人潮滿滿、活力十足。

🏠 濟州市 翰林邑 挾才里 2497-1 號，제주시 한림읍 협재리 2497-1 🚌 搭乘 702、950、960、963、966、967 號巴士在「挾才海邊（협재해변）」站下車，步行 50 公尺。📞 064-796-2404

▲ 夏天的挾才海邊熱鬧滾滾！

▲ 和挾才海邊相連、位在翰林公園外的金陵海邊（금능으뜸원해변），和挾才海邊同樣擁有美麗海景，但遊客稍少，較為清幽。

◀◀ 找間面海咖啡廳喝咖啡，可說是濟州定番行程。挾才海邊的「休止符」，人氣餐點是濟州糯米糕紅薯冰，天氣熱時不妨點一份清涼一下吧！

休止符　쉼표

🏠 濟州市 翰林邑 挾才里 1732 號（翰林路 359 號）제주시 한림읍 협재리 1732（한림로 359）🕐 09:30~22:00 💲 美式咖啡（아메리카노）₩ 3,800、濟州糯米糕紅薯冰（오메기감저빙수）₩ 12,000 📞 064-796-7790

Anthracite 翰林

앤트러사이트 한림 ｜ ❙❙

anthracite 指用來發電的無煙煤，由於咖啡店對街有一家發電廠，故以此為店名。Anthracite Coffee 有 3 家門市，總店位於首爾的弘大，是由廢棄製鞋工廠改建。分店位於京畿道揚州和濟州島翰林，翰林分店是由 1951 年建設的地瓜澱粉工廠改造而成，室內保留工廠的粗糙樣貌，卻能感受到咖啡文化的細緻。廢棄工廠結構與擺設的老舊機具、咖啡廳與藝文個性商品，在 Anthracite 裡無違和地相融著。

🏠 濟州市 翰林邑 東明里 1715 號（翰林路 564 號）제주시 한림읍 동명리 1715（한림로 564）🚌 搭乘 702、950、960、963、966、967 號巴士在「瓮浦十字路口（옹포 사거리）」下車，步行約 400 公尺。🕐 11:00~19:00 💲 飲料類 ₩ 3,500~6,000、甜點類 ₩ 3,500~4,000 ☎ 064-796-7991 @ www.anthracitecoffee.com

翰林公園

한림공원 | 📷

鄰近挾才、金陵海邊的翰林公園，占地達 10 萬坪，園內有 16 個植物園，分別種植濟州特有的島生植物、各種亞熱帶植物與四季輪番綻放的眾多花卉，還有傳統風情的財岩村落民俗村、濟州石盆栽園等，而濟州島最具代表性的熔岩洞窟——挾才窟和雙龍窟也在翰林公園內。

🏠 濟州市 翰林邑 挾才里 2487 號（翰林路 300 號）제주시 한림읍 협재리 2487（한림로 300）🚌 搭乘 702、950、960、963、966、967 號巴士在「翰林公園（한림공원）」站下車後即可看到園區入口。🕐 08:30~19:00（11~2 月至 18:00）💲 成人 ₩ 10,000、青少年 ₩ 7,000、兒童 ₩ 6,000 📞 064-796-0001 @ www.hallimpark.co.kr（韓、英、簡中、日）

The Got

그곳 | 🍴

鄰近金陵海邊的 The Got（「그곳」在濟州方言裡是「那片森林」之意），也是西海岸很受歡迎的特色咖啡廳之一。樸實外觀彷彿一般民宅，室內放置許多書籍、雜誌，提供各種美味飲料、點心，陪伴到訪的顧客享受沉澱心靈的時光。

🏠 濟州市 翰林邑 金陵里 1395 號（金陵街 65 號）제주시 한림읍 금능리 1395（금능길 65）🚌 搭乘 702、950、960、963、966 號巴士在「金陵里（금능리）」站下車，步行約 300 公尺。🕐 11:00~19:30，週三公休 💲 咖啡類 ₩ 4,000 起、麵包／甜點類 ₩ 3,500~6,000、沙拉／三明治套餐 ₩ 12,000~14,000 📞 070-4128-1414

月令里仙人掌自生地

월령리선인장자생지 | 📷

月令里是韓國唯一的仙人掌自生地，廣大覆蓋在月令里海岸岩石上的野生仙人掌，被列為天然紀念物第 429 號。其形成有 2 種說法：一是家裡栽種的仙人掌蔓延至海岸邊，另一種則是順著海流從南方漂來、在海邊沙灘或岩石上扎根而成。為了防止蛇或老鼠侵入，月令里的房子石籬笆上也會種植仙人掌，不論是利用海岸通路或走 14 號偶來小路，都可欣賞到這片特殊的仙人掌景觀。

📍定位參考：可休息的岸邊　쉴만한물가 🏠 濟州市 翰林邑 月令里 435-4 號（月令岸街 30）제주시 한림읍 월령리 435-4（월령안길 30）🚌 搭乘 702、950、960、962、964 號巴士在「月令里（월령리）」站下車，步行約 500 公尺。📞 064-796-3808

新昌風車海岸道路

신창풍차해안도로　|　📷

既然濟州以風多聞名，自然會被運用在風力發電上，在濟州眾多風力發電廠中，西海岸翰京面新昌里的風力發電廠因為景觀怡人，開發成為新昌風車海岸道路，也是《眾神的晚餐》、《祕密花園》、《心情好又暖》等韓劇、電影取景地。林立的大風車在藍天下緩緩轉動，可踏著小徑漫步前往燈塔、步道橋觀賞魚造型雕塑，此處遊客不多，堪稱祕境景點，也是濟州市 2009 年公布的「隱藏的 31 個景點」之一。

🏠 濟州市 翰京面 新昌里 1322-1 號，제주시 한경면 신창리 1322-1 🚌 搭乘 702、960、962、964 號巴士在「舊翰京醫院前（구 한경의원 앞）」站下車後，步行約 1.5 公里。☎ 定位：카페파람 010-8520-0702

水月峰

수월봉 ┃ 📷

水月峰位在西海岸的海邊與田野之間的小火山，海拔高77公尺。其向著大海處有一面長近2公里、如刀削般的岩壁，被當地人稱為「恩爾」，岩壁各處湧出的泉水匯集到「瑙高目」（놉고물）泉眼處。傳說從前有一對兄妹，哥哥叫瑙高，妹妹叫水月，兄妹為了替奶奶治病，來到水月峰摘採五加皮草藥，結果妹妹不小心掉下岩壁摔死，哥哥傷心欲絕，哭了17天之久。據說「瑙高目」的泉水就是由哥哥的眼淚形成，因此水月峰又被稱為「瑙高目岳」。在水月峰山頂的水月亭可眺望濟州遮歸島、松岳山和竹島，天氣晴朗時的夕陽景觀十分動人。

🏠 濟州市 翰京面 高山里 3763 號（彩霞海岸路 1013-70）제주시 한경면 고산리 3763（노을해안로 1013-70）🚌 搭乘 702、940、950 號巴士在「高山 1 里高山聖堂前（고산 1 리 고산성당 앞）」站，或「高山 1 里六岔路口（고산 1 리 육거리）」站下車後，步行約 2 公里。📠 定位： 산기상대 [N] 064-773-0379

▲ 水月亭。

▲ 水月亭可眺望濟州遮歸島、松岳山和竹島。

弘盛房

홍성방 | 🍴

弘盛房是鄰近摹瑟浦港的人氣餐廳，前往大靜的遊客會特地慕名前往。其招牌餐點是以一整隻螃蟹加上章魚、貝類、蝦仁等海鮮堆滿整碗的海鮮炒碼麵。我在平日下午前往，竟也有十多位的候位人潮，不過不用擔心，等候時間不長，可先行點餐、結帳（櫃檯旁的 menu 有中文），入座後即可享用美食。

弘盛房對面的 Un Cafe，保留了 3~40 年前的住家外觀與家具擺設，頗有懷舊情調，是提供咖啡、啤酒、甜品等的特色咖啡廳，在弘盛房飽餐一頓後，可以到此享受一下咖啡時光。

弘盛房 홍성방

🏠 西歸浦市 大靜邑 下摹里 938-4 號（下摹港區路 76 號）서귀포시 대정읍 하모리 938-4（하모항구로 76）🚌 搭乘 755、940、950、951 號巴士在「下摹體育公園（하모체육공원）」站下車，步行 200 公尺；搭乘 702 號巴士在「下摹 3 里（하모 3 리）」、「下摹 2 里（하모 2 리）」站下車，步行約 150 公尺。🕐 10:30~19:30，休息時間 15:00~17:00 $ 辣味海鮮炒碼麵（매운해물짬뽕）₩ 8,000、海鮮炒碼麵（하얀해물짬뽕）₩ 8,000 📞 064-794-9555

Un Cafe 앙카페

🏠 西歸浦市 大靜邑 下摹里 1051-1 號（下摹港區路 75-1 號）서귀포시 대정읍 하모리 1051-1（하모항구로 75-1）📞 [D] 064-794-5871、[N] 010-9984-5871

松岳山

송악산 ｜ 📷

松岳山位於濟州島西南海岸、突出於海邊，是海拔 104 公尺的山丘，為 2 種火山噴火口形成的寄生火山。四周由 99 座小山峰環繞，又稱九九峰。透過沿海步道走一圈，一望無際的海景與山丘草原十分壯麗，可在此遙望加波島和馬羅島，天氣晴朗時還能看到山房山、龍頭海岸和兄弟島。韓劇《大長今》、《太王四神記》曾到此取景，松岳山的戰地洞窟是日軍留下的軍用洞窟，亦是《大長今》的拍攝地點。

🏠 西歸浦市 大靜邑 上墓里 山 2，서귀포시 대정읍 상모리 산 2 🚌 搭乘 951 號巴士在「山伊水洞（산이수동）」站下車後，步行約 1.2 公里。📞 [N]064-120、[D]064-760-4022

山房山

산방산 | 📷

坐落濟州西南部的山房山是鐘狀型火山，與濟州其他山不同之處在於山房山沒有火山口，傳說是漢拏山白鹿潭的山峰被拔起來後拋至此處，成為山房山。山房山入口左側為山房寺，右側有普門寺寂滅寶宮，從兩座寺院之間順著石階往上走則為山房窟寺（산방굴사）。山房山前方路邊設有烽火臺，推測是在朝鮮世宗 19 年（1437 年），為防止倭寇入侵而設置。在此可飽覽龍頭海岸全景，山房山往龍頭海岸方向的平原及通向山房山後方的大路兩旁的金黃油菜花，是濟州十景之一。

▲ 山腰處的瀛洲 10 景之一「山房窟寺」，原來稱山房窟，因供奉佛像而稱之為寺。

🏠 西歸浦市 安德面 沙溪里 山 16 號，서귀포시 안덕면 사계리 산 16 🚌 搭乘 702、750-1、940、951 號巴士在「山房山（산방산）」站下車後，依指標步行前往。🕐 08:30~18:00 💲 成人 ₩ 1,000、山房山＋龍頭海岸通券 成人 ₩ 2,500 📞 064-794-2940、064-760-6321

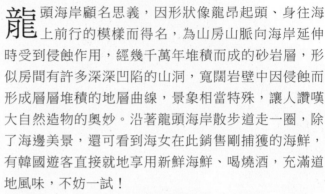

龍頭海岸
용머리 해안 | 📷

龍頭海岸顧名思義，因形狀像龍昂起頭、身往海上前行的模樣而得名，為山房山脈向海岸延伸時受到侵蝕作用，經幾千萬年堆積而成的砂岩層，形似房間有許多深深凹陷的山洞，寬闊岩壁中因侵蝕而形成層層堆積的地層曲線，景象相當特殊，讓人讚嘆大自然造物的奧妙。沿著龍頭海岸散步道走一圈，除了海邊美景，還可看到海女在此銷售剛捕獲的海鮮，有韓國遊客直接就地享用新鮮海鮮、喝燒酒，充滿道地風味，不妨一試！

　　龍頭海岸旁的 77 Pong，因販售可愛兔子造型冰淇淋而大受歡迎，別忘了買一支嘗鮮。

龍頭海岸 용머리 해안

🔺 西歸浦市 安德面 沙溪里，서귀포시 안덕면 사계리 🚌 請參考「山房山」。⏰ 09:00~18:00 💲 成人 ₩ 2,000、山房山＋龍頭海岸通券 成人 ₩ 2,500 📞 064-794-2940

77 Pong 치치퐁

🔺 西歸浦市 安德面 沙溪里 116-7 號（沙溪南路 216 號街 24-30 號）서귀포시 안덕면 사계리 116-7（사계남로 216 번길 24-30）⏰ 每天營業至 17:00 💲 兔子造型冰淇淋 ₩ 3,000（有核桃、巧克力、草莓 3 種口味）📞 010-9536-1322

Lazy Box

레이지박스 ｜🍴

山房山腳下的 Lazy Box，環境溫馨、空間明亮，在「I'm here in Jeju」的面海位置可將龍頭海岸景觀盡收眼底。除了咖啡，這裡的紅蘿蔔蛋糕是用濟州種植的紅蘿蔔製成，店裡也銷售個性文具與生活雜貨。點上一杯熱咖啡或漢拏峰果汁，坐在窗前欣賞龍頭海岸與海天一線共譜的寧靜之美吧！

🏠 西歸浦市 安德面 沙溪里 177-5 號（山房路 208 號）서귀포시 안덕면 사계리 177-5（산방로 208）🕐 10:00～19:00（冬天至 18:30）💲 美式咖啡（아메리카노）₩ 4,000、紅蘿蔔蛋糕（당근케이크）₩ 4,000 📞 064-792-1254 @ www.lazybox.co.kr（韓）

Sea and Blue

씨앤블루 ｜🍴

Sea and Blue 位於安德面沙溪里海邊，會注意到這家餐廳完全是私心來著——因為店名與我的愛團 CNBLUE 同音（大笑）。在準備前往 Sea and Blue 前幾天，正巧宗泫（對，這稱呼是在裝熟）因拍攝《好日子》曾造訪，所以當我表明是因為 CNBLUE 而來時老闆非常驚訝，熱情告訴我宗泫曾坐在哪個位置，還將尚未裱框的簽名立刻拿去加框。閒聊後發現老闆金英漢（김영한）來頭不小，曾在三星、惠普任職 30 多年，寫過許多本書，退休後才來到濟州島經營咖啡店，享受退休生活。

▲ 老闆熱情指引我看宗泫坐過的位子。

🏠 西歸浦市 安德面 沙溪里 2147-2 號（兄弟海岸路 30 號）서귀포시 안덕면 사계리 2147-2（형제해안로 30）🚌 搭乘 702、750-1、940 號巴士在「沙溪里事務所（사계리사무소）」站下車後，步行約 1 公里。🕐 10:00～20:00 💲 飲料類 ₩ 4,000～7,000 📞 064-794-5554 @ www.coffeediet.co.kr（韓）

▲ 當時熱騰騰裱框的宗泫簽名！

安德溪谷

안덕계곡 | 📷

隱身在安德面柑山里公路旁、樹林後的安德溪谷，因是韓劇《九家之書》重要場景而引起注意。從公路旁入口循蜿蜒小徑前往安德溪谷，當視野瞬間開闊，峭立的岩壁與溪谷景觀映入眼簾，景色頗清涼幽靜。這裡因有西氏檞、白新木薑子、紅楠等溫帶原始林景觀，被指定為天然紀念物第377號保護區。安德溪谷占地不大，主要景觀約10分鐘就可看完，但景致美麗，有如置身仙境。此處旅客不多，從巴士站步行前往也很方便，適合安排在山房山與中文觀光園區之間前往。

🏠西歸浦市 安德面 柑山里，서귀포시 안덕면 감산리 🚌搭乘7、100、130、702、940號巴士在「安德溪谷（안덕계곡）」站下車後，步行100公尺。🕐10:00~18:30 📞[D]064-760-3942、[N]064-794-9001

魚咖啡

까페물고기 ┃ 🍴

位在安德面倉川里的大坪里是濟州南方面海的寧靜村落，有不少特色餐廳、咖啡廳與民宿，最知名的應該是光聽店名就覺得浪漫的魚咖啡。魚咖啡是由執導《謊言》、《花瓣》、《對你，我將奉獻全部》等電影的張善宇導演，將日治時期建設的濟州傳統房屋改造成咖啡廳，可在此欣賞田園與海天相連的景色，眺望大坪港與陡峭懸崖，也是《好日子》的主要場景。

🏠 西歸浦市 安德面 倉川里 804 號，서귀포시 안덕면 창천리 804（난드르로 25-7）🚌 搭乘 100 號巴士在「大坪里（대평리）」站下車後，步行約 200 公尺，離開時可搭乘 120 號巴士。🕐 12:00~21:00，週一公休 💲 美式咖啡（아메리카노）₩ 4,500、柚子茶（유자차）₩ 6,000 📞 070-8147-0804

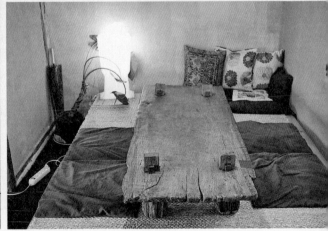

Theme 6

中山間

중산간

　　中山間指漢拏山四周、位於濟州海岸與漢拏山之間海拔高度200~500公尺的地區，這裡的廣大林區、寬闊放牧草原與濟州特有小火山，讓許多人心嚮往之，即使只是乘車經過，時而蜿蜒時而筆直的林蔭公路，仍美得讓人心曠神怡。許多嚮往森林景觀的遊客會選擇在不同季節造訪同一景點，以慢遊的心情，領會中山間在四季更迭中的萬種風情，只要近距離體會過，就會不自覺愛上中山間的獨特魅力。

　　中山間範圍廣大，巴士不若市中心或海岸線來得密集與便利，韓國人多以租車自駕遊覽（此情景常可在韓劇、韓綜看到），除了搭乘巴士加步行，我會視狀況選擇搭計程車前往目的地，並帶著悠閒、隨遇而安的心情。若因天候狀況不佳（如山區起大霧）而沒遇見想像中的美麗景致，就當作是大自然給的特別體驗囉。

漢拏山國立公園

한라산국립공원 ｜ 📷

漢拏山（「拏」音同「拿」，也有寫作「漢拿山」，本書以韓國觀光公社提供的資訊為準。）巍然聳立於濟州島中部，海拔 1950 公尺，是濟州島最具代表性的名山，也是韓國第一高山，更是許多喜愛登山的韓國人認為一輩子要去爬一次的山。漢拏山有過火山噴發活動，形成奇特景觀，具火山、河川、濕地、冰緣、風化侵蝕等地形，隨海拔高度變化，包含亞熱帶、溫帶、寒帶和高山植物等 2 千多種植物，植被垂直分布非常明顯，具高度學術研究價值。1970 年被指定為國立公園，2002 年被指定為聯合國教科文組織生物圈保護區，2007 年被指定為聯合國教科文組織制定的世界自然遺產。

漢拏山登山路線主要分為 4 條登山道，長度都在 10 公里以內，可當天往返。目前能登上山頂白鹿潭的路線有城板岳和觀音寺路線 2 條；御里牧和靈室路線只能抵達 1700 公尺高的威勢岳；還有東邊的城板岳路線和西邊的靈室、御里牧路線，及北邊的觀音寺路線。南邊的頓乃克路線為自然休息年間，目前無開放。

由於山上天氣變化劇烈，出發前請留意氣象預報，裝備務必完善，冬攀漢拏山時除了禦寒穿著，建議攜帶登山杖、登山鞋用之雪爪。我會在出發前幾天持續留意漢拏山氣象預報，選擇天氣狀況較好的時候前往。沒登山經驗者，也可上網搜尋網友的經驗分享參考。而為了維護環境，登山客需將自己的垃圾攜帶下山。另外，除了觀音寺地區露營場，所有登山路線皆禁止生火煮食和露營。

▲ 在威勢岳掩蔽所可稍作休息，來碗泡麵補充體力！

▲ 一路視野開闊，感覺心靈得到釋放。

◀ 御里牧路線較平緩，
適合初級登山者。

◀ 走在稜線上的感受
相當刺激！

我曾前往漢拏山 2 次，第 1 次是秋天，由御里牧路線上山、靈室路線下山，因為被《爸爸去哪兒？》第 1 季中的民國刺激，覺得小孩子都能爬上去了，我怎麼可以不行！第 2 次選擇冬季、皆由靈室路線往返。2 次都讓我深深感動，為漢拏山的美景懾服！冬季的靈室路線完全是另一種樣貌，且因積雪行走不易，花了 2 個多小時才抵達威勢岳，結果下山踩著積雪一路半走半滑行，竟不到 1 個半小時即回到入口處，對從未在雪中登山的我，是很新奇的體驗！

2 次登山我都是獨自前往，因漢拏山是熱門旅遊景點，加上韓國人愛爬山，一路上都有遊客同行。目前還對自己的體力沒把握，尚未嘗試攻頂，但我知道，我一定會再去探訪白鹿潭！

初訪路線建議：御里牧路線較平緩，適合登山初體驗者；靈室路線沿途景觀壯麗，但較陡峭。建議從御里牧路線出發，抵達威勢岳掩蔽所、享用泡麵後，由靈室路線下山。

攻頂路線建議：從城板岳路線出發，抵達白鹿潭後，往觀音寺路線方向下山，能觀賞漢拏山很多優美景觀。請隨時留意體力狀況，下山時為避免體力透支、發生事故，團隊登山較安全，盡量避免單獨前往。

需注意的是，觀音寺路線的三角峰掩蔽所無人看守，也就是說，此路線的休息點沒有提供礦泉水、零食、泡麵、棉手套、雨衣等簡單登山用具的銷售，其他 3 條路線的杜鵑花田掩蔽所、威勢岳掩蔽所皆有。

我的登山配備

秋天：一般休閒穿著，並做好防晒措施，登山帽、登山鞋、防風或輕保暖外套（山下／山上溫差大）。若要攻頂，建議攜帶登山杖。

冬天：禦寒保暖穿著，有輕防水表層的禦寒外套與長褲（避免因雪濕透）、登山鞋（表層有防水功能更好）、登山鞋用之雪爪、登山杖（後兩者也可於當地的 emart 選購）。

其他裝備建議：飲用水和飯捲、麵包、巧克力等方便攜帶的糧食。

▲ 雪中登山，是前所未有的體驗。　　　　　▲ 上下山都需小心步伐。

▲ 冬天的靈室與秋天完全不同樣貌。

漢拏山國立公園：www.hallasan.go.kr（韓、英、日、簡中、繁中）
漢拏山氣象預報：www.kma.go.kr/weather/forecast/mountain_06.jsp?stnId=184

城板岳路線（성판악탐방로）：城板岳廣場 →山頂 白鹿潭，9.6km，單程約 4.5 小時。

路線難易度：城板岳分所—[中]—內田—[易]—紗羅岳泉—[難]—杜鵑花田掩蔽所—[中]—白鹿潭山頂

🚌在濟州市外巴士客運站搭乘 781 號巴士，或在西歸浦市外巴士客運站搭乘 782 號巴士，於「城板岳（성 판악）」站下車，即抵城板岳路線入口處。

🚏 781、782 號巴士：06:00~21:30，班距 12~15 分鐘，從濟州市或西歸浦市出發，車程約 35~40 分鐘。

觀音寺路線（관음사탐방로）：觀音寺→山頂 白鹿潭，8.7km，單程約 5 小時。

路線難易度：觀音寺服務中心—[中]—耽羅溪谷—[難]—三角峰掩蔽所（無人看守）—[易]—龍鎮溝—[難]—白鹿潭山頂

🚌在濟州大學搭乘 77 號巴士，於「觀音寺登山路入口（관음사 등산로입구）」站下車，即抵觀音寺路線入口處。

77 號巴士發車時刻（僅假日運行，平日需自駕車或搭乘計程車）

濟州大學 →觀音寺	06:30	07:10	07:50	08:30	09:10	10:40	11:20
	12:10	13:00	14:30	15:20	16:10	17:00	17:50
觀音寺→ 濟州大學	06:50	07:30	08:10	08:50	09:30	11:00	11:40
	12:30	13:20	14:50	15:40	16:30	17:20	18:10

靈室路線（영실탐방로）：靈室休息室→威勢岳掩蔽所，3.7km，單程約 1.5 小時。

路線難易度：靈室管理事務所—[中]—靈室休息站—[易]—靈室溪谷—[難]—屏風巖頂峰—[易]—威勢岳蔽護所

🚌在濟州市外巴士客運站或中文洞 1100 道路入口（1100 도로입구）搭乘 740 號巴士，於「靈室賣票所（영 실매표소）」站下車後，步行 2.5km 至靈室管理事務所，即抵靈室路線入口處。

御里牧路線（어리목탐방로）：御里牧廣場→威勢岳掩蔽所，4.7km，單程約 2 小時。

路線難易度：御里牧探訪諮詢處—[易]—御里牧溪谷—[難]—鳥接小山—[中]—威勢岳掩蔽所

🚌在濟州市外巴士客運站或中文洞 1100 道路入口（1100 도로입구）搭乘 740 號巴士，於「御里牧入口（어 리목입구）」站下車後，步行 1km 至御里牧探訪諮詢處，即抵御里牧路線入口處。

御乘生岳路線（어승생악 탐방로）：御里牧探訪諮詢處→御乘生岳，1.3km，單趟 30 分鐘。

適合沒時間或沒登山經驗、對體力沒把握，但又想探訪漢拏山之美的遊客（尤其是想一探冬雪之漢拏山），是一條輕鬆的登山路線。前往交通方式請參考御里牧路線。

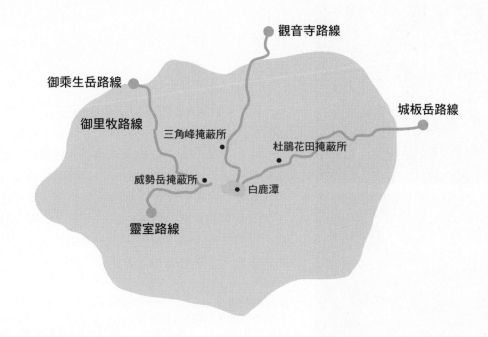

御乘生岳路線

御里牧路線

觀音寺路線

城板岳路線

三角峰掩蔽所

杜鵑花田掩蔽所

威勢岳掩蔽所

白鹿潭

靈室路線

740 號巴士發車時刻表

濟州市外巴士客運站 出發	06:30	08:00	09:00	10:00	11:00	12:20	13:40	15:00	16:00
	※11~3 月 06:30、16:00 班次無運行								
中文洞 1100 道路入口 出發	07:45	09:15	10:15	11:15	12:15	13:35	14:55	16:15	17:15
	※11~3 月 06:30、16:00 班次無運行								

* 建議去程到站下車後，先於巴士站拍下回程巴士時刻表，以利回程掌握乘車時間，避免錯過末班車次。

巴士車程時間

濟州市 → 御里牧入口，車程約 35 分鐘。濟州市 → 靈室售票處入口，車程約 55 分鐘。
中文洞 → 御里牧入口，車程約 45 分鐘。中文洞 → 靈室售票處入口，車程約 25 分鐘。

漢拏山上、下山管制時間

分類	路線	管制場所	冬季 11~2 月	春季 3~4 月 秋季 9~10 月	夏季 5~8 月
上山	城板岳	杜鵑花田掩蔽所	06:00-12:00	05:30-12:30	05:00-13:00
		登山路入口掩蔽所	06:00-12:00	05:30-12:30	05:00-13:00
	御里牧	登山路入口掩蔽所	06:00-12:00	05:30-14:00	05:00-15:00
		威勢岳掩蔽所	06:00-13:00	05:30-13:30	05:00-14:00
	靈室	登山路入口掩蔽所	06:00-12:00	05:30-14:00	05:00-15:00
	觀音寺	三角峰掩蔽所	06:00-12:00	05:30-12:30	05:00-13:00
		登山路入口掩蔽所	06:00-12:00	05:30-12:30	05:00-13:00
	御乘生岳	登山路入口	06:00-16:00	05:30-17:00	05:00-18:00
下山	威勢岳掩蔽所		14:00	16:00	17:00
	東陵頂峰		13:30	14:00	14:30
	南壁分岔點		14:00	14:30	15:00

漢拏生態林
한라생태숲 ｜ 📷

緊鄰 5.16 道路邊、海拔高 600 公尺的漢拏生態林，占地 196 公頃，是隸屬山林廳的國有土地，林中有包括暖帶、溫帶、寒帶等多種類植物，並設有天然林自然資源保護區。園區裡有生態路、展望臺、育苗場、主題小徑、遺傳種子保存組織培養室等設施，以及丹楓、櫻花、冷杉、杜鵑花等不同主題生態林，讓遊客在生態林盡情享受大自然的洗禮，並認識自然之美。

🏠 濟州市 龍崗洞 山 14-1 號（516 路 2596 號）제주시 용강동 산 14-1（516 로 2596）🚌 搭乘 710-1、720-1、730-1、780 號或觀光巴士，在「漢拏生態林（한라생태숲）」站下車。🕐 09:00~18:00（冬季至 17:00），週一、元旦、春節、中秋休園。💲 免費 📞 064-710-8688 @ hallaecoforest.jeju.go.kr（韓、英）

濟州馬放牧場
제주마방목지 ｜ 📷

如果搭乘經往中山間的 780、710 號巴士，很容易可以看到在公路旁這一片放牧場。經過幾次後，我終於忍不住內心的召喚，在巴士上瞥見草地上的馬兒們後立刻按鈴下車，折返去趴在放牧場的欄杆邊，望著藍天白雲下的濟州馬低頭不斷地嚼食著綠草，一路吃到欄杆邊距離我不到 1 公尺處，依舊無視我的存在埋頭認真啃，偶爾可以看到吃飽的馬兒輕輕地奔馳、做飯後運動，不管看多久都覺得好療癒！若經過時看到馬兒在草地上活動，別猶豫，下車去跟馬兒打聲招呼吧！

🏠 濟州市 龍崗洞 山 14-34 號（516 路 2480 號）제주시 용강동 산 14-34（516 로 2480）🚌 搭乘 710-1、720-1、730-1、780 號巴士，在「犬月橋（견월교）」站下車，步行約 500 公尺；如從漢拏生態林入口處前往，步行約 800 公尺。🕐 11:00~21:00 📞 064-741-3533

寺泉自然休養林

절물자연휴양림 ｜ 📷

位在漢拏山東北側的寺泉自然休養林以杉木林聞名，沿著木棧道走進杉木林區，兩旁高聳入天的杉木，教人忍不住將視線沿著樹幹往上攀爬，直到藍天之間。寺泉這一帶山高約 650 公尺，山頂為火山活動時形成。站在山頂往下俯瞰，天氣晴朗時可以觀賞到城山日出峰。林區內有健康散步道、蓮花、觀景臺、礦泉、草地廣場，還有森林小屋供住宿，在山林之間享受靜謐的夜晚。

🏠 濟州市 奉蓋洞 山 78-1 號（明林路 584 號）제주시 봉개동 산 78-1（명림로 584）🚌 搭乘 43 號或觀光巴士，在「濟州寺泉自然休養林（제주절물자연휴양림）」站下車，即抵園區入口。🕘 09:00~18:00 💲 成人 ₩ 1,000、青少年 ₩ 600、兒童 ₩ 300 📞 064-721-7421 @ jeolmul.jejusi.go.kr（韓、英、日、簡中）

獐鹿生態觀察園

노루생태관찰원 ｜ 📷

獐鹿又名河麂、牙獐，被認為是最原始的鹿科動物，因後腿較前腿長，所以經常像兔子一樣以跳躍方式前進，主要生長於在中國東部和朝鮮半島。園區中除了有 200 多隻自由奔跑的獐鹿，也可在影像展示室了解獐鹿生活，並觀察自然生態、親自餵食獐鹿，適合親子遊玩。

🏠 濟州市 奉蓋洞 山 51-2 號（明林路 520 號）제주시 봉개동 산 51-2（명림로 520）🚌 搭乘 43 號或觀光巴士，在「獐鹿生態觀察園（노루생태관찰원）」站下車；如從寺泉自然休養林入口處步行前往，距離約 500 公尺。🕘 09:00~18:00（11~2 月至 17:00）💲 成人 ₩ 1,000、青少年 ₩ 600 📞 064-728-3611 @ roedeer.jejusi.go.kr（韓、英、日、簡中）

濟州石文化公園

제주돌문화공원 | 📷

濟州島三多：石多、風多、女多，而濟州石文化公園就是以石頭為主題的博物館和生態公園。園區內有創造濟州的女神雪曼頭姑、五百將軍傳說等造型石，室內博物館收藏許多特殊造型石，戶外展覽場中則有 48 尊石頭爺爺、驅邪避厄的防邪塔、住家的定住石、立於墳墓周圍以表敬慰的童子石等具有濟州歷史與傳統特色的造型石。秋天在芒草、微風與夕陽輝映下，景色最是迷人，《好日子》也曾到此取景。

🏠 濟州市 朝天邑 橋來里 山 95 號（南朝路 2023 號）제주시 조천읍 교래리 산 95 （남조로 2023）
🚌 搭乘 730 號或觀光巴士，在「濟州石文化公園（제주돌문화공원）」站下車，即可看到園區入口
🕘 09:00~18:00 💲 成人 ₩ 3,500、青少年 ₩ 2,500 📞 064-710-7731

Eco Land 主題公園

에코랜드테마파크 | 📷

搭乘以 80 年代蒸汽火車頭鮑得溫（Baldwin）為原型，用英國進口手工零件製作的林肯火車，闖入 30 萬坪的火山口原始林主題公園 Eco Land，穿梭在森林與人工湖間，輕鬆來趟自然生態體驗。此外還有森林步道、生態橋、氣墊船、Eco 風車、野餐花園、兒童小鎮、紅土赤腳體驗、咖啡廳等。Eco Land 的美景如夢似幻，也是熱門廣告、韓劇取景地，河智苑、李昇基、泰妍、IU 都曾在此留下身影。

園區內的郊遊花園站（Picnic Garden）有規畫生態公路（Eco Road），分為短路線（400 公尺，約需 10 分鐘）與長路線（1.9 公里，約需 40 分鐘），很推薦走一趟長路線，感受森林美景。

🏠 濟州市 朝天邑 大屹里 1221-1 號（繁榮路 1278-169 號）제주시 조천읍 대흘리 1221-1（번영로 1278-169）🚌 搭乘 730 號或觀光巴士，在「濟州石文化公園（제주돌문화공원）」站下車後，在石文化公園的斜對面，可利用行人專用的側門入口進入 Eco Land。🕐 08:30~19:00（冬季 09:00~17:30）💲 成人₩ 12,000、青少年₩ 10,000、兒童₩ 8,000 📞 064-802-8000 @ www.ecolandjeju.co.kr（韓、英、簡中、日）

大樹下的休息站

낭뜰에쉼팡 | 🍴

位於朝天邑臥屹里的大樹下的休息站，是充滿濟州傳統風情的韓定食餐廳，除了人氣料理蔬菜大麥拌飯，這裡的大醬湯、烤魚、海鮮蘑菇煎餅也都可口美味，重點是這裡的餐點經濟實惠，分量也不少，若有計畫走訪石文化公園或 Eco Land，可順路前往。

🏠 濟州市 朝天邑 臥屹里 125 號（南朝路 2343 號）제주시 조천읍 와흘리 125（남조로 2343）🚌 搭乘經往「大屹（대흘）」的 730 號巴士，在「高坪洞（고평동）」站下車，步行 100 公尺；或搭乘 710、720、730 號巴士，在「南朝路檢問所（남조로검문소）」站下車，步行約 700 公尺。🕐 09:30~20:00 💲 蔬菜拌飯（야채비빔밥）₩ 5,000、石鍋拌飯（돌솥비빔밥）₩ 6,000、烤鯖魚（고등어구이）₩ 9,000、海鮮蘑菇煎餅（해물버섯전）₩ 8,000 📞 064-784-9292

思連伊林蔭道

사려니숲길 ｜ 📷

「思連伊」的韓文意思是「神聖的地方」，思連伊林蔭道全長15公里，森林樹木茂密，大多是柳條、雪松和柏樹，在直聳入雲的杉樹間可見到紅色的火山泥路。林蔭道平坦舒適，連小朋友都能走得輕鬆愉快，清爽的空氣讓人感受到芬多精的療癒魅力，加上鳥兒悅耳的歌聲及不經意竄出的松鼠，讓林中充滿活潑氣息。此處一年四季皆有不同的迷人景象，是韓國人到濟州旅行必定前往的熱門景點，韓劇《祕密花園》也曾到此取景。

🚌 搭乘710-1、720-1、730-1號或觀光巴士，在「思連伊林蔭道（사려니숲길）」站下車。 🕐 09:00~18:00（11~2月至17:00） 💲 免費參觀 📞 [N] 064-900-8800

山君不離

산굼부리 | 📷

山君不離是位於濟州市東南方，直徑 650 公尺、深 100 公尺，周長超過 2 公里的火山口，從空中俯視，彷彿一座圓形體育場。山君不離的植物種類繁多，火山口北面有溫帶樹木紅刺樹、紅楠和珍貴的植物冬草莓；南面則是典型溫帶林，有西木、楓樹、四照花等。而山君不離最著名也最受歡迎的，莫過於一大片廣無邊際的芒草群，每到秋芒季節總是吸引許多遊客，到此欣賞秋芒在夕陽餘暉與微風搖曳下的動人景致。

🏠 濟州市 朝天邑 橋來里 山 38 號，제주시 조천읍 교래리 산 38 🚌搭乘 710-1、720-1 號巴士，在「山君不離（산굼부리）」站下車。🕐 09:00~18:00（11~2 月至 17:00）💲成人 ₩ 6,000、青少年／兒童 ₩ 3,000 📞 064-783-9900 @ www.sangumburi.net（韓）

拒文岳

거문오름 | 📷

海拔 456 公尺的拒文岳是火山嶽，於 30 萬年前～ 10 萬年前間因火山活動形成，從噴火口噴出的岩漿沿著海岸斜坡往東北流動，形成獨特地形，當地人稱為「善屹串」。沿著岩漿流經方向走，左邊形成曠野窟，右邊則有萬丈窟、金寧窟、龍泉洞窟、當處水洞窟等，被登載為 UNESCO 世界自然遺產。這裡也有翠綠杉樹林、闊葉林、灌木林、長綠擴葉林等，許多遊客會特地到此進行生態健行。探訪拒文岳需預約並參加導覽，結束後可至濟州世界自然遺產中心繼續參觀。

🏠 濟州市 朝天邑 善屹里 478 號（善教路 569-36 號）제주시 조천읍 선흘리 478（선교로 569-36）🚌 搭乘 710、720 號巴士，在「拒文岳入口（거문오름입구）」站下車，依濟州世界自然遺產中心指標步行，距離約 900 公尺。🕐 09:00~12:00（週二休），每 30 分鐘一梯次，需事前預約才可參訪，可上網預約或電洽 064-784-0456（2 天前預約）。💲 成人₩ 2,000、青少年／兒童₩ 1,000 📞 064-710-8981 @ wnhcenter.jeju.go.kr（韓）📋 每天參觀限額 400 名，需 2 天前預約，我曾試圖上網預約但沒成功，後來請韓國觀光公社旅遊諮詢中心代為電話預約。需於預約時間前至少 10 分鐘抵達，向售票處服務人員提供姓名確認預約，購票後前往拒文岳探訪詢問所取得參觀證，並聽從服務人員指示進行導覽。

月朗峰

월랑봉 | 📷

　　濟州島是火山噴發形成的島嶼，包括山君不離、拒文岳等，在濟州島上共有 360 多個小火山（오름），小火山海拔高度多在 300~500 公尺，只需 30~40 分鐘就能爬到制高點，因此爬小火山成為韓國人遊濟州很受歡迎的行程。《爸爸去哪兒？》中，民國就曾跟著阿爸爬上小火山欣賞濟州美景。

　　位在榧子林、龍眼岳之間的月朗峰（也稱「多郎時岳」）是海拔 382 公尺的寄生火山，在山頂有深陷凹落的圓形噴火口，由於噴火口如月亮般渾圓，因此稱為「月朗峰」。登上月朗峰可欣賞旁邊的小月朗峰，遠眺鄰近的城山日出峰與牛島，還可看到東海岸線與漢拏山，極佳的視覺饗宴，成為頗受遊客歡迎的濟州小火山景點。

🏠 濟州市 舊左邑 細花里 山 6 號，제주시 구좌읍 세화리 산 6　🚌 搭乘 710、710-1 號巴士，在「加時南洞入口（가시남동입구）」或「多郎時岳入口（다랑쉬오름입구）」站下車，步行 2 公里前往月朗峰入口。　📞 064-710-3314　🚫 所有小火山在山火預防期間（2/1~5/15，11/1~12/15）進行入山管制，前往前請向舊左邑事務所（064-783-3001）確認，或洽詢韓國觀光公社。

龍眼岳

용눈이오름 | 📷

月朗峰附近的龍眼岳是海拔 247.8 公尺的寄生火山，因地面都是草地，相當遼闊美麗，是典型的濟州火山嶽，加上地勢較低也很平坦，常可看到放牧的牛群，完全符合「風吹草低見牛羊」的畫面。據說因這座山外型就像一條龍俯臥在此而得名「龍臥岳」，從空中往下俯視，火山口就好像龍的眼睛一般，所以也稱「龍眼岳」。根據韓國旅伴說明，龍眼岳在曾旅居濟州島的藝術家金永甲眼中，有如美女躺臥時美麗的側面曲線，是金永甲生前最喜愛的景點之一，藝術家的詮釋，果然又更浪漫了些。

🏠 濟州市 舊左邑 終達里 山 28 號 제주시 구좌읍 종달리 산 28 🚌 搭乘 710、710-1 號巴士，在「加時南洞入口（가시남동입구）」或「多郎時岳入口（다랑쉬오름입구）」站下車，步行 1.5 公里前往龍眼岳入口；如從月朗峰步行前往，距離約 3 公里。🚉 龍眼岳距濟州 Rail Park（제주레일바이크，064-783-0033）約 600 公尺，有興趣者可將行程排在一起。☎ [D] 064-710-3314，舊左邑事務所 064-783-3001

榧子林

비자림 | 📷

被指定爲保護植物林的榧子林是世界最大榧子林，有 2800 多棵樹齡超過 500 年以上的榧子樹，每棵都是高 7~14 公尺、直徑 50~110 公分、寬 10~15 公尺的巨木。尤其有一棵高 25 公尺、樹齡 800 年以上的榧子樹，是濟州島最古老的樹。濟州市於 1992 年在此開闢森林步道後，成為遊客享受森林浴的好去處，走在林蔭步道，可近距離感受這群百年巨大神木的魅力。

🏠 濟州市 舊左邑 坪岱里 3164-1 號（榧子林街 62 號）제주시 구좌읍 평대리 3164-1（비자숲길 62）🚌 搭乘 990 號巴士在「榧子林（비자림）」站下車，依指標前往園區入口；如從 Maze Land 步行前往，距離約 1.5 公里。🕐 09:00~18:00（11~2 月至 17:00）💲 成人 ₩ 1,500、青少年／兒童 ₩ 800 📞 [D]064-783-3857、[N]064-710-7912

Maze Land

메이즈랜드 ｜ 📷

Maze Land 以濟州島的「三多」為主題，打造長達 5.3 公里的迷宮，是擁有世界最長石造迷宮的主題樂園。在以石頭和樹木建成的迷宮路徑裡穿梭尋找出路時，還可享受森林浴的洗禮，適合全家大小同樂。《Running Man》也曾來此出任務，站在瞭望臺給予在迷宮中的同隊夥伴尋找出口方向的指令。迷宮太大找不到出路怎麼辦？別擔心！園區有提供迷宮平面圖，真的找不到出口時，就拿出小抄來參考一下吧！

🏠 濟州市 舊左邑 坪岱里 3322 號（榧子林街 2134-47 號）제주시 구좌읍 평대리 3322（비자림로 2134-47）🚌 搭乘 990 號巴士在「Maze Land（메이즈랜드）」站下車，依指標前往園區入口；如從榧子林步行前往，距離約 1.5 公里。🕐 09:00~18:30 💲 成人 ₩ 9,000、青少年 ₩ 7,000、兒童 ₩ 6,000 📞 064-784-3838 @ www.mazeland.co.kr（韓）

濟州馬體驗公園

조랑말체험공원 | 📷

濟州馬為韓國特有馬種，又稱濟州早朗馬兒、濟州土種馬，個子不大但十分強壯，俗稱短腿馬。濟州馬體驗公園設有乘馬場、咖啡店、Guest House、露營場、藝術商店和體驗區，可以親自騎乘濟州馬，展館天臺處還能遠眺風車群和草原，景色動人！

🏠 西歸浦市 表善面 加時里 3149-33 號（鹿山路 381-15）서귀포시 표선면 가시리 3149-33（녹산로 381-15）🚌 搭乘 720-1、920 號巴士，在「加時里（가시리）」站下車後，步行 4 公里。🕐 10:00~17:00pm，週二休園。💲₩ 2,000 📞 064-787-0960 @ www.jejuhorsepark.com（韓）🈲 園區內展示說明以韓文為主，不懂韓文的外國遊客可能較無法詳細理解。

城邑民俗村

성읍민속마을 ｜ 📷

城邑民俗村是完整保存韓國傳統的民俗村，能看到許多文化遺產與古代村莊的樣貌，被指定為受保護的民俗村。除了民屋、鄉校、古代官公署、石神像、石磨坊、城址、碑石等建築，還可看到早期濟州人的生活樣貌，並能體驗民歌、民俗遊戲、鄉土食品、民間工藝、濟州方言等無形文化遺產，加上守護村落的百年櫸樹、樸樹等，漫步在村落間，彷彿時光倒流，回到歷史劇場景中。

🏠 西歸浦市 表善面 城邑里 987 號，서귀포시 표선면 성읍리 987 🚌 搭乘 720、720-1 號巴士，在「城邑 1 里（성읍 1 리）」站下車。🚏 鄰近城邑民俗村的巴士站連續 3 站站名都是「城邑 1 里」站，在第 2 個「城邑 1 里」站下車，離園區入口最近。🕐 依各店家而異，元旦、春節、中秋休館。💲 免費 📞 064-787-1179 @ seongeup. seogwipo.go.kr（韓）

涯月小學多樂分校

애월초등학교 더럭분교 | 📷

　　支廣告的影響力有多大？竟能讓一所幾近廢校的小學起死回生，成為熱門景點！涯月小學多樂分校和許多位於偏鄉的學校一樣，因少子化影響導致招生不足，面臨廢校危機。三星 Galaxy Note 為拍攝廣告，請來法國色彩學大師 Jean Philippe Lenclos 將校區彩繪改造成繽紛樣貌，沒想到廣告播出引發廣大迴響，不但學生增加，五彩校舍也成為遊客必去的熱門觀光景點。

🏠 濟州市 涯月邑 下加里 1580-1 號（下加路 195 號）제주시 애월읍 하가리 1580-1（하가로 195）🚌 搭乘 960、970 號巴士，在「多樂初等學校（더럭초등학교）」站下車，步行 50 公尺 🕐 上課時間禁止遊客進入校園，建議假日前往。📞 064-799-0515

曉星岳

새별오름 |

曉星岳是海拔高 119 公尺的寄生火山，因模樣彷彿夜空中的曉星般孤單地落在草原上，因此被名為「曉星岳」。曉星岳稜線之間所形成的曲線相當美麗，站在山頂俯瞰周邊平原，是濟州小火山中數一數二的名景，每年正月十五也會在此舉辦知名的「野火節」，於夜晚點燃大型的山岳之火，場面相當壯觀。曉星岳附近有一棵很有名的「孤單的樹」（왕따나무），除了是廣告取景地，也是濟州攝影外拍名點之一，時間充裕的話可以走過去瞧瞧！

🏠 濟州市 涯月邑 奉城里 山59-3號，제주시 애월읍 봉성리 산59-3 🚌 搭乘750-1、750-3號巴士，在「火田村（화전마을）」站下車後，步行約 1 公里即抵曉星岳入口處；前往孤單的樹，可從濟州牛奶（제주우유，地圖定位電話 064-743-5100）那一條路進去，步行約 10 分鐘，位於右手邊草原上。📞 [D]064-728-4075

聖依西多牧場

성이시돌목장 ｜ 📷

濟州島有幾處頗受情侶和婚紗攝影青睞的名景，因景色獨特，總帶來令人驚豔的拍攝成果。在這些景點中，我被聖依西多牧場的照片所吸引，決定前往一探究竟。「聖依西多」取自西班牙農夫出身的聖人之名，是一位愛爾蘭神父在 1954 年搬到濟州島後所建設並命名的牧場。其最著名之處就是擁有韓國唯一的「泰西封建築（Ctesiphon，테쉬폰）」，這是起源於伊拉克巴格達一帶的建築，本為牧場主人的私宅，因充滿異國風情的造型，現成為大受歡迎的婚紗攝影地。

　　除了廣大的放牧草原，附近的薩米賜福聖地（새미은총의동산）是集合多座與聖經典故有關的雕像主題公園，充滿寓教於樂的趣味。

🏠 濟州市 翰林邑 今岳里 142 號（今岳東街 35 號）제주시 한림읍 금악리 142（금악동길 35）🚌 搭乘 961、964 號巴士，在「依西多下園地（이시돌하단지）」站下車後，步行約 700 公尺。964 號循環巴士從翰林發車：06:10 / 08:57 / 10:27 / 13:57 / 16:17 / 18:00；961 號巴士從翰林發車：07:00 / 09:55 / 11:55 / 13:55 / 15:55 / 17:55、西歸浦發車：06:45 / 09:10 / 12:10 / 14:10 / 16:40 / 18:10 ☎ 064-796-0396 @ www.isidore.co.kr

楮旨文化藝術家村／濟州現代美術館

저지문화예술인마을 / 제주현대미술관 | 📷

1999 年建造的楮旨文化藝術家村，由濟州現代美術館、共同工作空間、戶外展示平臺、傳統文化空間和私人工作室組成，以持續發展濟州文化藝術為設立目的。在共同工作空間裡可看到藝術作品的製作過程；戶外展示平臺指的是美術館和共同工作空間外圍的空間，展示園藝植物和雕塑作品，且根據作品性質分類，在不同區域有不同特色；傳統文化空間可讓遊客充分感受濟州傳統文化。2007 年 9 月開館的濟州現代美術館包含本館和分館，本館設有韓國著名畫家金興洙作品展館和常設展館、特展館及收藏庫等，分館則展示朴洸真畫家的作品。

🏠 濟州市 翰京面 楮旨里 2114-63 號（楮旨 14 街 35 號）제주시 한경면 저지리 2114-63（저지 14 길 35）🚌 搭乘 962、967 號巴士，在「新興洞（신흥동）」站下車後，步行約 200 公尺。🕐 09:00~18:00，週三、元旦、春節、中秋休館。💲 成人 ₩ 1,000、青少年 ₩ 500、兒童 ₩ 300 📞 064-710-7801 @ www.jejumuseum.go.kr（韓）

五月花

오월의꽃 | 🍴

現代越來越流行的一種經營模式，叫作「無人咖啡廳」，咖啡廳裡沒有老闆、服務生，客人自己泡咖啡、洗杯子、投遞消費現金，是體現相信人性本善的地方。而在濟州島上的無人咖啡廳少說超過 10 家。位在楮旨里思索之苑附近的「五月花」便是濟州島第 1 家無人咖啡廳，建築以廢棄物拼建而成，全白石造

外觀相當醒目。店內的咖啡、果汁、茶、餅乾等皆自行取用，老闆更帥氣地沒提供價目表，完全由客人決定該付多少金額。記得離開前把用過的咖啡杯洗好、放回原位，讓無人咖啡廳的特色繼續傳承下去。

🏠 濟州市 翰京面 楮旨里 2989-1 號（綠茶盆栽路 542）
제주시 한경면 저지리 2989-1（녹차분재로 542）🚌 搭乘
950、962、967 號巴士，在「明里洞（명리동）」站下車。
🌙 無特定時間，白天前往都有開放。 💲 無價目表，僅提
供數字參考，在其他無人咖啡廳的三合一咖啡或茶包，
約₩ 2,000 📞 064-772-5995

美味和鵪鶉

만나와메추라기 ｜ 🍴

距離思索之苑約 300 公尺、離五月花咖啡廳約 1.8 公里，有家以大麥拌飯聞名、簡樸溫馨的韓式餐廳——美味和鵪鶉。為避免顧客不知如何食用拌飯，店家貼心地將步驟以圖示貼在牆上，簡單易懂：將一大盤拌菜倒入碗中，依個人口味加入適量

醬料、拌勻後，可直接配著小菜吃，也可以生菜將拌飯、小菜包著一起吃。附近因巴士班次少、候車時間較長，若在附近遊覽，想就近解決一餐的話，可以來此享用拌飯。室內有座取暖用的烤爐，若在冬天造訪，就能親身體驗木頭加熱產生的氣味與暖度，應該會很有 fu 吧～（明顯是受到韓綜《一日三餐》影響……）

🏠 濟州市 翰京面 楮旨里 1519-6 號（中山間西路 3594 號）제주시 한경면 저지리 1519-6（중산간서로 3594）
🚌 搭乘 950、962、967 號巴士，在「楮旨里（저지리）」站下車，步行約 100 公尺。🕐 10:00～17:00pm，週二休園。💲 大麥拌飯（보리밥）₩ 7,000、牛肉湯（육개장）₩ 6,000、小蘿蔔冷麵（열무국수）₩ 6,000 📞
[D]064-772-3255 @ www.jejuhorsepark.com（韓）

O'sulloc 綠茶博物館／Innisfree Jeju House

오설록 티 뮤지엄 / 이니스프리 제주하우스점 ∣ 📷

同屬愛茉莉太平洋（Amore Pacific）集團的 O'sulloc 和 Innisfree，原本就廣受喜愛，以濟州島有機認證茶園栽培的原料進行加工生產的 O'sulloc，與萃取自濟州天然環境孕育出豐富物產而誕生的保養品牌 Innisfree，在濟州島西廣茶園先後成立 O'sulloc 綠茶博物館與 Innisfree Jeju House。

　　O'sulloc 綠茶博物館以「綠茶」為主題，提供深入了解韓國傳統茶文化，室內有茶文化走廊、茶道體驗館、商品展售與咖啡廳，2 樓展望臺可眺望美麗的綠茶田，更可直接走進產品原料的綠茶園中，享受廣闊無邊的田園風光，清新空氣讓人心曠神怡！

　　Innisfree Jeju House 包含 DIY 區、商品區及有機 café。DIY 區可親手製作屬於自己的個性化香皂，商品區除了 Innisfree 商品展售，還有濟州限定商品；有機 café 的餐點食材都來自濟州島的有機果園，可品嘗清涼消暑的柑橘山岳冰或豐盛早午餐，色香味兼具的餐點，讓人恨不得再多出幾個胃，來好好享用這些美食啊！

🏠 西歸浦市 安德面 西廣里 1235-1 號（神話歷史路 15 號）서귀포시 안덕면 서광리 1235-1（신화역사로 15）🚌 搭乘 755 號巴士，在「O'sulloc（오설록）」站下車。🕐 09:00~18:00（10~3 月至 17:00）☎ [O] 064-794-5312、[I] 064-794-5351 @ www.osulloc.com（韓）、jeju.innisfree.co.kr（韓）

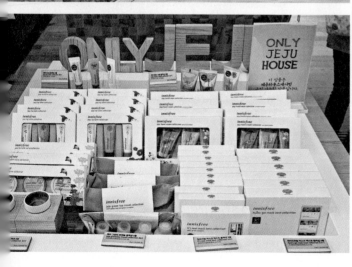

紅色郵筒咖啡廳

빨간우체통 | 🍴

　　每次出國旅行都會寫張明信片給自己或是親友？你是否還記得上次收到手寫信件時的感動？想不想對 1 年、5 年後的自己或親友說些話？紅色郵筒咖啡廳於 2014 年春天開幕，以紅色郵筒與白色信封為特色的建築外觀受到注目，咖啡廳成立宗旨是想喚起大家提筆書寫的初衷，引起到訪之人的共鳴。

　　紅色郵筒室內的鄉村風格布置讓人覺得溫馨且放鬆，延續外觀的概念，室內最引人注目的莫過於一整面貼滿祝福或到此一遊的 memo、懸掛各種標有 2015~2050 年份信箱的牆面，可寫張明信片給自己或友人，投入想要寄出年分的信箱裡，店家會依照年分寄出，信件穿梭空間與時間到達收件者手中，讓他也感受一下遺忘許久的書寫溫度吧！

🏠 西歸浦市 大靜邑 新坪里 80-21 號（中山間西路 2573-1 號）서귀포시 대정읍 신평리 80-21（중산간서로 2573-1）🚌 搭乘 750-3、750-4、755、940 號巴士，在「新坪里（신평리）」站下車，步行約 100 公尺。🕐 10:00~22:00，週末到 21:00 💲 飲料 ₩ 4,000~5,000、起司蛋糕 ₩ 4,500、當地藝術家繪製的明信片 ₩ 1000，店內提供多款免費信封／信紙及書寫用具；寄送海外郵資 ₩ 500。📞 064-792-6767

方舟教會

방주교회 ｜ 📷

由日本知名建築設計師伊丹潤設計的方舟教會，概念源自諾亞方舟，以玻璃、木材為主素材，結合水、草坪等自然元素，看似坐落在水面上的教堂，搭配藍天白雲下的自然光影，相當夢幻，吸引許多新人到此辦婚禮，也有不少遊客專程前往朝聖。喜歡欣賞建築作品的人，不能錯過此處。

🏠 西歸浦市 安德面 上倉里 427 號（山麓南路 762 號街 113 號）서귀포시 안덕면 상천리 427（산록남로 762 번길 113）🚌 搭乘 940 號巴士（時刻表請參考 Camellia Hill，P176），在「上川里（상천리）」站下車後，步行 700 公尺。🕐 室內開放時間 10:00~12:00、13:00~16:00，週一公休、週六僅開放上午。旁邊的咖啡廳 09:00~20:00 📞 064-794-0611 @ www.bangjuchurch.org（韓）

本態博物館

본태박물관 ┃

坐落上川里山林間的本態博物館，簡約的清水模外牆打造出筆直線條建築，並巧妙運用水面倒影與天井將光線引入室內，為安藤忠雄在濟州島的作品之一。館內主要分為 2 個展示室，一是展出韓國傳統手工藝之美，如陶瓷、木飾及傳統韓服等；另一個則為集合韓國及西方作品的現代藝術展，包括韓國著名前衛藝術家白南淮（Namjune Paik）的作品，他擅長以舊式電視為創作素材，此處便有他以金魚缸取代電視畫面的裝置作品。展館後有迷你人工湖與咖啡廳，自然風景跟低調灰冷建築和諧融合，一如安藤忠雄作品的個性與特色，Super Junior 的圭賢也曾造訪此處，喜愛建築、欣賞藝術作品的人絕對會愛上這裡！

🏠 西歸浦市 安德面 上川里 380 號（山麓南路 762 號街 69 號）서귀포시 안덕면 상천리 380（산록남 762 번길 69）🚌 搭乘 940 號巴士，在「上川里（상천리）」站下車後步行 1.2 公里；如從中文觀光園區搭乘計程車前往，車資約 ₩ 8,000~10,000，車程約 10 分鐘。🕐 10:00~18:30 💲 成人 ₩ 16,000、青少年 ₩ 11,000、兒童 ₩ 10,000 📞 064-792-8108 @ www.bontemuseum.com（韓、英）

Camellia Hill

카멜리아힐 |

　　占地達 17 萬平方公尺的 Camellia Hill，是以山茶花為主題的大型自然庭園，擁有世界上最大、花期最早的山茶花，園區種植來自全球 80 個國家達 500 多種，共 6 千多株山茶花樹。6 條主題小徑可欣賞到姿態萬千的山茶花，各種層次的紅、粉、白色，或圓潤或水滴狀的嬌豔花瓣，一朵朵山茶花在綠林上爭妍鬥豔，隨風搖曳而翩翩掉落的花瓣，更為小徑添了顏色，這裡也是少女時代成員潤娥的 Innisfree 廣告、韓劇《命中注定我愛你》拍攝地。

　　山茶花花期一般在 10 月到翌年 4 月，最佳觀賞期是 12 月到隔年 2 月。進入冬季時，陸續綻放的山茶花為寂靜的冬天點綴幾許繽紛色彩。漫步在山茶花樹交錯而成的花海隧道裡，氣氛浪漫至極，尤其受到情侶歡迎。

🏠 西歸浦市 安德面 上倉里 271 號（並岳路 166 號）서귀포시 안덕면 상창리 271（병악로 166）🚌 搭乘 940 號巴士，在「東柏東山（동백동산）」站下車；如從中文觀光園區搭乘計程車前往，車程約 10 分鐘，車資約₩8,000。🕐 08:30～18:00（冬季 08:30～17:00），940 號巴士發車時刻 ，倉川（창천）往 Camellia Hill / 06:36 / 08:41 / 11:06 / 13:26 / 16:36 / 17:26 / 19:06、Camellia Hill 往倉川（창천）/ 06:58 / 09:03 / 11:25 / 13:45 / 16:55 / 17:45 / 19:25 💲 成人₩ 7,000、青少年₩ 5,000、兒童₩ 4,000 📞 064-792-0088 @ www.camelliahill.co.kr（韓）

▲ 花海隧道中「Marry Me」或「我愛你（사랑해）」標語，
情侶走在隧道中更是濃情蜜意。

▲ 四季都有不同花兒爭奇鬥妍，春天的玫瑰、櫻花，夏天的
繡球花和秋天的菊花。我因為冬天去遇不到 6、7 月盛開的
繡球花徑，只好翻拍告示說明過一下乾癮。

Theme 7

島外島
섬속의 섬

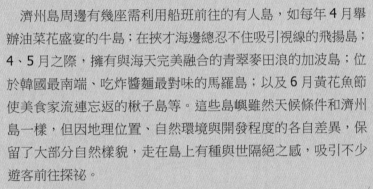

　　濟州島周邊有幾座需利用船班前往的有人島，如每年 4 月舉辦油菜花盛宴的牛島；在挾才海邊總忍不住吸引視線的飛揚島；4、5 月之際，擁有與海天完美融合的青翠麥田浪的加波島；位於韓國最南端、吃炸醬麵最對味的馬羅島；以及 6 月黃花魚節使美食家流連忘返的楸子島等。這些島嶼雖然天候條件和濟州島一樣，但因地理位置、自然環境與開發程度的各自差異，保留了大部分自然樣貌，走在島上有種與世隔絕之感，吸引不少遊客前往探祕。

　　5 座濟州島外島中，推薦先走訪客輪班次多（且是大船，因天候因素臨時停駛的機率較其他透過小船往返的島嶼低）、景點交通與餐飲機能較完善的牛島。若濟州島主要景點都已去過，不妨考慮前往這些淳樸小島，避開人潮喧囂，享受融身於純淨自然的小島靜謐。

牛島 우도

濟州島周邊知名度最高、人氣最旺的島嶼，當屬濟州島東海岸城山浦東北方，像一頭躺著的牛伸頭模樣的牛島。牛島南北長約 3.8 公里，海岸線總長約 17 公里，面積 605 公頃，島上居民近 700 戶、1,600 多人。因擁有適合農業的沃土、豐富漁場，居民主要從事漁、農業。加上優美的牛島八景、濟州特有的海女與石牆路，在牛島可一次體驗濟州獨特的傳統文化與自然環境。

牛島八景中，我最推薦白天不分時段都可前往、沒去等於沒到過牛島的第四景「地頭靑莎」：登上牛島的最高峰牛頭峰（132m）可俯瞰全島，加上起伏的山脊、翠綠草原與海岸構成的美麗圖畫，讓視覺與心靈感受一次飽滿！

另一個也廣受遊客歡迎、一提到牛島就會在腦海不自主浮現畫面的第八景「西濱

白沙」，位於西邊海岸的珊瑚沙灘是東洋唯一的珊瑚沙灘，海邊有許多人氣餐廳、咖啡廳，坐在店家窗邊享受欣賞海景的悠閒，相信是許多在城市為生活打拚的人夢寐以求的小確幸。

在牛島上如何移動呢？我曾前往牛島 2 次，第 1 次是走偶來小路，所以全程步行，第 2 次則利用循環巴士在定點下車，步行前往鄰近景點。2 次不同方式都帶來不同的感官享受，卻是一樣感動。

▲ 登上牛島峰迎著微風欣賞美景，心曠神怡且療癒人心！

▲ 牛島燈塔是濟州最早建立的燈塔，位於牛島峰上，視野極佳。燈塔旁的牛島燈塔公園則展示世界知名燈塔的模型。

▲ 西濱海邊風景宜人，脫下鞋子體驗一下踩在珊瑚沙上的奇妙感受吧！

Jimmy's　지미스

🏠 濟州市 牛島面 演坪里 317-2 號
（牛島海岸街 1132 號）제주시 우도
면 연평리 317-2（우도해안길 1132）
🕐 08:00~17:30 $ 花生冰淇淋（땅콩아
이스크림）₩ 4,000、柑橘冰淇淋（라
봉&감귤 천연샤베트）₩ 4,500 📞 010-
9868-8633

▲ 牛島必吃美食首推花生冰淇淋！島上花生冰淇淋店很多，位在牛島峰下的 Jimmy's 人氣最旺，邊吃冰淇淋邊欣賞牛島峰與海景，是人生中的簡單幸福！

Hello U-do　헬로우우도

🏠 濟州市 牛島面 演坪里 2572 號
（牛島海岸街 218 號）제주시 우도
면 연평리 2572（우도해안길 218）🕐
08:00~20:00 $ 牛島花生冰（우도땅콩
빙수）₩ 12,000 📞 064-782-8488

▲ 西濱海邊的 Hello U-do 咖啡廳，是我走累時隨機踏進去，想來一碗牛島花生冰消消暑，沒想到意外發現秀英主演的《我人生的春天》曾到此取景。

海螺飯店　소라반점

🏠 濟州市 牛島面 演坪里 1747-4 號
（牛島路 1 號）제주시 우도면 연평리
1747-4（우도로 1）🕐 08:00~17:30 $
炸醬麵（한치 짜장면）₩ 8,000、海鮮
麵（한치 짬뽕）₩ 12,000 📞 064-782-
0100

▲ 在等待船班的空檔，來到天津港旁的海螺飯店挑戰海鮮麵，這海鮮麵料多實在但辣勁也強，不擅長吃辣的我足足喝掉 2 瓶白開水才把麵吃完（當然湯不敢喝完），怕辣者請勿輕易嘗試～

風園　풍원

網路上流傳「漢拏山火山爆發蛋炒飯」影片，就是出自鄰近下牛木洞港（하우목동항）的餐廳「風園」。我因1人旅行無法前往親嘗，希望下次有機會可以和旅伴去朝聖～

🏠 濟州市 牛島面 演坪里 2427-1 號（牛島海岸街 340 號）제주시 우도면 연평리 2427-1（우도해안길 340）🕐 09:00~19:30，15:30~17:30 休息，週二公休。 💲 辣炒小魷魚（한치주물럭）₩ 15,000、牛島黑豬肉（우도흑돼지주물럭）₩ 15,000、漢拏山炒飯（한라산볶음밥）₩ 3,000 ⊞ 此為人氣名店，需先領取號碼牌等待入桌。點餐時，需點辣炒小魷魚或牛島黑豬肉，才可加點漢拏山炒飯。 📞 064-784-1894、010-5670-1894

牛島交通資訊

城山浦港綜合旅客碼頭（성산포항여객터미널）

🏠 西歸浦市 城山邑 城山里 347-9 號 서귀포시 성산읍 성산리 347-9（성산등용로 130-21）
📞 牛島渡航線城山碼頭（우도도항선선착장）064-782-5671
🚌 搭乘 701、710、710-1、910 號巴士，於「城山浦港綜合旅客碼頭（성산포항여객터미널）」站下車。

城山─牛島 乘船資訊

來回船資： 成人 ₩ 5,500、中學生以上 ₩ 5,100、小學生 ₩ 2,200，單趟船程約 15 分鐘。
城山出發： 08:00~17:00，每整點一班次（末班船班會隨夏冬季略為調整）。
牛島出發： 08:30~17:30，每半點一班次（末班船班會隨夏冬季略為調整）。

1. 牛島有 2 個港口，分別是位在西南部的天津港（천진항）與西部的下牛木洞港（하우목동항）。往返牛島的幾家航運公司航線有些微不同，買船票時售票員會說明來回的搭乘碼頭，請務必留意。我曾買過去程天津港下、回程下牛木洞港搭乘的船票，因沒留意，回程時在天津港辦退票後重新購票。

2. 1-1 號偶來小路的起迄點是在天津港。

승 선 신 고 서					성 인	중고생	소 인	유 아	총인원
(「해운법 시행규칙」, 제15조의4 관련)									
•일자: 20 년 월 일			•출발시간:		•나오는시간:			•목적지: 가파도 / 마라도	
순번	성 명 (Name)	성 별 (sex distinction)	생년월일 (Birthday date)		연락처(전화번호) (Telephone No)			비 고	
1		(남, 여)							
2		(남, 여)							
3		(남, 여)							
4		(남, 여)							
5		(남, 여)							
6		(남, 여)							
7		(남, 여)							

위와 같이 신고합니다. 가파,마라도 정기여객선 TEL : (064)794-5490~3 FAX : (064)794-5497

▲ 在韓國搭船購票時都必須填寫旅客基本資料：姓名、出生年月日與聯絡電話，同行旅伴可寫同一張，不懂韓文沒關係，寫英文姓名也可。

牛島循環觀光巴士

💲 ₩ 5,000
主要停靠： 可前往牛島峰的指頭青沙（지두청사）、東岸鯨窟（동안경굴）、下古水洞海水浴場（하고수동해수욕장）、西濱白沙（서빈백사）4 站，每站停留時間 30 分鐘，如果錯過，可搭乘下一班。

▶ 天津港口巴士站可購買循環巴士1日券，是許多遊客用來遊覽牛島風光的方便選擇。

登上頂峰，和對岸的挾才海邊道聲招呼吧！

▲ 島上有座韓國唯一的鹽濕地公園，漲潮時大量海水湧入，退潮則變回淡水湖，棲息許多稀貴生物。

飛揚島　비양도

在翰林港和挾才海邊時，總讓人忍不住眺望距離挾才海邊僅 1.5 公里的飛揚島，「飛揚島」意為飛翔之島，是座小型火山島，在島的中央山頂有 2 個噴火口盆地，島周圍有許多豐富魚種與海鳥棲息，在夏天是釣魚名場。

　　飛揚島面積很小，島中央海拔高度 114 公尺的飛揚峰就占了大部分面積，約 20 分鐘就能登上飛揚峰，站在燈塔旁，飛揚島周邊海景盡收眼底，望著湛藍海水在陽光下閃耀動人的同時，遠眺對岸的挾才海邊，那份寧靜景致真的只有說不出的感動。

　　飛揚島的環島公路僅 3 公里長，從飛揚峰下來後，沿著海岸散步欣賞海景與奇岩異石，是遊覽飛揚島的最佳方式。島上村落主要聚集在碼頭，這裡有一家小虎食堂，漫步飛揚島一圈後，可到這裡享用螺肉粥，為此行畫下飽足的句點。

飛揚島交通資訊

翰林港渡船等候室（한림항도선대합실）

🏠 西濟州市 翰林邑 大林里 2019-17 號（翰林海岸路 196 號）제주시 한림읍 대림리 2019-17（한림해안로 196）

📞 064-796-7522

🚌 搭乘 702、950、960、966 號巴士在「翰林加油站（한림주유소）」或「翰林天主教會（한림천주교회）」站下車，步行約 400 公尺。

翰林—飛揚島 乘船資訊

來回船資：成人／青少年 ₩ 6,000、兒童 ₩ 3,600，單趟船程約 15 分鐘。

翰林出發：09:00、12:00、15:00

飛揚島出發：09:16、12:16、15:16

🚩 飛揚島面積不大，行程約安排 3 小時就足夠，所以如果搭 9 點的船班前往，可選擇搭 12 點的船班返回翰林港。

小虎食堂　호돌이식당

🏠 濟州市 翰林邑 挾才里 3026 號（飛揚島路 284 號）제주시 한림읍 협재리 3026（비양도길 284）$ 螺肉粥（보말죽）₩ 10,000 📞 064-796-8475

▼▶ 一踏進餐廳就發現，幾位和我搭同一船班的遊客也把這間餐廳當作飛揚島的最後一站。樸實味美的螺肉粥配上口味特別的在地小菜，別有一番滋味。

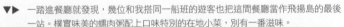

▲ 加波島不大，可輕鬆環島。

加波島　가파도

加波島位在馬羅島和濟州島之間、距摹瑟浦港約 5.5 公里，因形狀像漂在海上的蓋子而名為「蓋島」，後來才改稱「加波島」。加波島面積 0.84 平方公里，海拔 20.5 公尺，全島地勢平緩、是韓國海拔最低的島嶼，環島公路長約 4 公里，放慢腳步也只需 1 個小時就可繞島一周。

一提到加波島，首先想起的即是綠油油一望無邊的青麥田。每年 4、5 月之際是青麥季節，也是加波島一年之中最美的時候。藍天下有如海面般遼闊廣大的翠綠青麥田，面積有 18 萬坪，從 4 月中旬開始會舉辦為期 20 多天的青麥節慶典，在欣賞美景之餘還能參與各種熱鬧活動，絕對不要錯過在這時節走訪加波島，越過青麥田與蔚藍大海，松岳山、山房山甚至漢拏山都可一次收入眼簾，利用 10-1 號偶來小路，也能好好欣賞加波島的美麗風光。

▲ 前往島嶼需要一點緣分，特別是利用小船往返的航線。我走加波島偶來小路時不是青麥田季，等到隔年青麥田季欲前往時，卻天候不佳臨時不開船，只好向看著好友的照片望梅止渴一下（photo by Mogu Chen）。

馬羅島　마라도

位於慕瑟浦港口南方 11 公里的馬羅島是韓國最南端島嶼，島嶼形狀為橢圓形，面積 0.3 平方公里，海岸線長 4.2 公里，最高點海拔 39 公尺。馬羅島最初並沒有人居住，全島滿布天然樹林，直到朝鮮時代末期才開始有居民。為了開墾耕地從事農業，島上所有林木均被大火燒盡。目前島上的居民主要從事漁業，這裡也是有名的海釣場所。

　　馬羅島上有一條炸醬麵街，這讓我百思不得其解，為什麼到馬羅島一定要吃炸醬麵？經查詢後得知，原來是拜一家通訊公司廣告所賜。這支廣告為訴求通訊信號覆蓋面廣、通話品質優，因此拍了一支這樣的廣告：一個在郁陵島（韓國最東北島嶼）海面上划著小船外送炸醬麵的人，對著電話大喊：「點炸醬麵的那位！」結果電話另一頭的人坐在遊艇裡回應：「我現在在馬羅島，送到這裡來吧！」因此展開馬羅島與炸醬麵的緣分，許多前往馬羅島出外景的明星也會在島上來一碗炸醬麵，於是「在馬羅島吃炸醬麵」成為遊覽馬羅島的特別現象，是不是和臺灣人每逢中秋節必烤肉，有異曲同工之妙呢？

▲ 「大韓民國最南端」的漢字石碑於 1985 年豎立，是遊客一遊馬羅島必定拍照留念的標誌。

▲ 離開馬羅島前，我也跟著來一碗韓綜《無限挑戰》到此出外景時也吃的炸醬麵！

加波島、馬羅島交通資訊

馬羅島、加波島定期客輪（마라도·가파도정기여객선）

@ wonderfulis.co.kr（韓）

⌂ 西歸浦市 大靜邑 下摹里 2132-1 號（下摹港區路 8 號）서귀포시 대정읍 하모리 2132-1（하모항구로 8）

📞 064-794-5490

🚌 搭乘 755、940、950、951 號巴士在「摹瑟浦港（모슬포항）」站下車步行 50 公尺；或搭乘 702 號巴士在「下摹 3 里（하모 3 리）」、「下摹 2 里（하모 2 리）」站下車，步行約 700 公尺。

▲ 馬羅島候船室

摹瑟浦─馬羅島 乘船資訊

來回船資：成人 ₩ 17,000、青少年 ₩ 16,800、兒童 ₩ 8,500，單趟船程約 30 分鐘。

摹瑟浦 出發：09:50、11:10、12:30、13:50、15:10

馬羅島 出發：10:30、11:50、13:10、14:30、15:50

摹瑟浦─加波島 乘船資訊

來回船資：成人 ₩ 12,400、青少年 ₩ 12,200、兒童 ₩ 6,300，單趟船程約 15 分鐘。

摹瑟浦 出發：09:00、11:00、14:00、16:00（12~2 月 09:00、12:30、15:30）

加波島 出發：09:20、11:20、14:20、16:20（12~2 月 09:25、12:55、15:55）

註 1. 從摹瑟浦港出發，若想 1 天內同時前往加波島與馬羅島，1 個島停留 2 小時就足夠。購票時售票員會詢問回程搭乘時刻、註明在回程票面上。

2. 船班時刻會隨季節調整，且天候不佳會臨時取消航程，建議出發前先確認航班時刻（wonderfulis.co.kr/?page_id=23），並在出發當天一早以電話詢問是否正常行駛。

▲ 登上楸子燈塔，可遠眺楸子港碼頭村落。

▲ 連接上楸子島和下楸子島的楸子橋。

楸子島　추자도

楸子島是位於濟州市最西北邊的群島，主要分為上楸子島、下楸子島、秋浦島、橫干島等4個有人島及38個無人島，因而有「濟州島的多島海」之稱。楸子島以島上的層層山峰和形狀獨特的海島景色著稱。因漁產種類多元豐富，也是韓國有名的海釣場，有「大海垂釣天堂」美譽。在朝鮮時代，楸子島常是被流放的官員脫下官服之處，所以也有「官脫島」之稱。

楸子島以前屬於全羅南道，100年前才畫分為濟州島的一部分。從前是船隻往返韓國本島和濟州島的途中，用以迴避強風的候風島，因地理位置與自然條件的差異，自然風光和文化都與濟州島不同。

不知是否由於船程稍長之故，楸子島鮮少外國遊客，帶著漁具設備前往的釣客倒是不少。如果不是因為偶來小路，我也沒想過會前往楸子島。一踏上楸子島，便可

發現四周景致和濟州其他島嶼大不相同，登上峰格來山頂，可看到海面上幾個方形和圓圈的海上養殖場。再沿著小徑登上楸子燈塔，可遠眺楸子港碼頭村落、連接上楸子島和下楸子島的楸子橋，以及四處分布的眾多無人島，這壯麗的景致讓我在燈塔佇足良久，不捨離去。楸子燈塔絕對是遊覽楸子島的必訪之地。

▲ 靜靜港灣中，海上養殖場的形狀顯得可愛。

楸子島交通資訊

濟州港旅客碼頭（제주여객터미널）

🏠 濟州市 健入洞 918-30 號（臨港路 111 號）제주시 건입동 918-30（임항로 111）

📞 1666-0930

🚌 搭乘 92 號或觀光巴士在「濟州港旅客碼頭（제주여객터미널）」站下車；或搭乘 2、9、10、30、38、43、90、100、200、號巴士在「濟州東小學（제주동초등학교）」站下車，步行 900 公尺。

濟州─楸子島「粉紅海豚號（핑크돌핀）」乘船資訊

電話：Sea World 高速客輪（씨월드고속훼리）064-758-4234
船資：成人─去程₩ 12,500，回程₩ 11,000
船班：濟州港出發 09:30，楸子島出發 16:40，單趟船程約 60 分鐘，每月第 4 個週三休航。

楸子島循環巴士

🕐 07:00~21:30 每間隔 1 小時發車、全程約 30 分鐘。
主要行經：大西─永興─默里─新陽 2─新陽 1─禮草里。
📋 1. 前往楸子島需要看天意，我曾因天候不佳船班停航而撲空，又多等了幾天才遇上適合行船的天氣。欲前往楸子島，建議早上 8 點半以電話向船公司洽詢當天船班是否正常行駛。
2. 和前文介紹的島外島相較，楸子島是最需多花時間停留、但大眾交通也較不便、步行移動範圍有限的島嶼。若想遊覽楸子島，建議可直接走偶來小路，就不用費心研究如何搭乘巴士。
3. 如為當天來回行程，請隨時留意時間，以免錯過返回濟州市的船班。

豐富主題遊

在濟州島旅行最有意思之處，在於可依個人喜好自訂主題旅行，攀登漢拏山、走訪各小火山、前往特色咖啡廳、體驗各地區特色 guesthouse；更能嘗試特定專門領域，如各式水上活動、海釣等。以下介紹的是進入門檻較低、外國遊客也可進行的主題旅行：賞櫻、單車遊、馬拉松與健行。

於櫻花盛開時節造訪濟州，絕對是最受歡迎也最推薦的行程，只要有機會親眼目睹櫻花雪紛飛滿天的畫面，很少人能抗拒它綻放瞬間美麗的魅力，絕對會再找機會前往，只為賞櫻。單車環島、馬拉松與健行偶來小路，則可視個人休閒喜好與停留時間，再評估是否要在濟州島嘗試。

濟州賞花趣

在四季分明的韓國，春天最令人身心嚮往的莫過於賞櫻，每年 3 月底至 4 月中旬櫻花盛開之際，韓國各地有許多櫻花慶典活動。濟州島因緯度之故，是韓國春櫻最先茂盛的地區，濟州櫻花慶典（제주왕벚꽃축제）約於 3 月底至 4 月初舉辦（大部分在濟州綜合競技場），這時節前往濟州島旅行是最棒時刻，除了櫻花盛開美景看到飽，春天來臨百花各自綻放得眼花撩亂。同時還有油菜花田與東柏花盛開，這裡就介紹幾個賞櫻名點，安排一趟濟州追櫻之旅吧！

濟州綜合競技場

제주종합경기장 |

濟州市外巴士客運站後方的濟州綜合競技場，是近年濟州櫻花慶典的舉辦場所，前往濟州市外巴士客運站搭乘巴士時，順便到濟州綜合競技場周邊，和櫻花行道樹們打聲招呼吧！

🏠 濟州市 吾羅一洞 1137 號（西光路 2 街 24 號）제주시 오라 1 동 1137（서광로 2 길 24）🚌 從濟州市外巴士客運站（제주시외버스터미널）步行約 200 公尺。📞 064-728-3271 @ complex.jejusi.go.kr（韓）

典農路

전농로 |

位在舊濟州市區，從 KAL Hotel 這一端到南城路（남성로），長約 1 公里的典農路，是濟州市中心的賞櫻名點。車道兩側的櫻花樹將街景點綴得無比繽紛，絕對不可錯過。

📍 定位參考：Kochnische 小廚房🏠 濟州市 三徒 2 洞 594-19 號（典農路 75-1 號）제주시 삼도 2 동 594-19（전농로 75-1）🚌 搭乘 5、6、7、36、37、87、500、1001、1003 號巴士至「甫誠市場（보성시장）」站；或搭乘 2、3、5、6、7、10、17、28、36、37、43、87、92、100、500、1001、1003 號巴士，在「三姓初等學校（삼성초등학교）」下車後步行約 100 公尺。📞 [D]064-901-1180

濟州大學

제주대학교 ┃ 📷

▲ 這條櫻花大道上有一家 Issac Toast，是我覺得浪漫指數最高的分店！

想看壯觀的櫻花大道，一定要來濟州大學！進入濟州大學校區前的主要車道，每逢春天就會開滿櫻花，整條路儼然是壯麗的櫻花長廊，因此每逢櫻花盛開時節，就吸引許多遊客前往。沿著櫻花大道走進校區，校內各處許多道路也種植了不少櫻花樹，時間充裕的話，可以來場校園櫻花散步巡禮，或是點杯咖啡坐在櫻花樹下，看著櫻花瓣隨微風緩緩飄落進咖啡裡，這樣的咖啡時光可不容易遇到。

🔺 濟州市 我羅 1 洞 1 號（濟州大學路 102 號）제주시 아라 1 동 1（제주대학로 102）🚌 搭乘 6、7、9、10、11、28、31、37、43、46、48、55、77、87、500、502、710-1、720-1、730-1、770、781、781-1、781-2、782、782-1 號巴士在「濟州大學入口（제주대학교입구）」站下車後，往「濟州大學路（제주대학로）」方向步行前往。☎ 064-754-2114 @ www.jejunu.ac.kr

中文洞居民中心

중문동주민센터 ㅣ

從西歸浦市區搭巴士前往中文觀光園區之前，會經過一段櫻花大道，其中我覺得最茂盛、集中的一段，就位於中文洞居民中心外，不妨在此稍作停留，再前往中文觀光園區吧！

🏠 西歸浦市 中文洞 1864-1 號（天帝淵路 281 號）서귀포시 중문동 1864-1（천제연로 281）🚌 搭乘 5、7、100、110、120、130 號巴士在「中文洞居民中心（중문동주민센터）」站下車。📞 064-738-1541

為美村櫻花路

위미마을 벚꽃길 ｜ 📷

南元的為美村櫻花路是指從細川洞（세천동）巴士站到一周東路（일주동로）這段長約 2.5 公里的道路，此處較少外國遊客，是屬於在地人的私房賞櫻景點。與其他賞櫻熱點不同的是附近還有為美東柏樹群落地，可同時欣賞櫻花和東柏花之美，偶然看到遍地的櫻花與東柏花瓣，粉紅與鮮紅色交織，又是另一種特別的美感。

除了東柏樹落地，附近還有一小區東柏樹園，可惜 2 月初前往時東柏花幾乎掉落所剩無幾，或許 12 月中下旬前往就有機會看到東柏花盛開的模樣了。

🚌 搭乘 100、701、730、730-1、930 號巴士在「細川洞（세천동）」站下車，步行 500 公尺。🈯 為美村櫻花路即在巴士站所在的主要車道上。

為美東柏樹群落地 위미동백나무군락지

🚌 搭乘 100、701、730、730-1、930 號巴士在「細川洞（세천동）」站下車後，即為「為美村櫻花路」一端的起點，從此站步行往 Warang Warang（P114），約 500 公尺即抵。

Season Box 시즌박스

🏠 西歸浦市 南元邑 為美里 1884-4 號（太衛路 154 號）서귀포시 남원읍 위미리 1884-4（태위로 154）🕐 11:00~21:00 💲 蓋飯類₩ 7,000~9,500 📞 070-7745-3577 @ www.seasonbox.co.kr（韓）

◀▲ 在為美村櫻花路上散步一段時間後，因為肚子餓意外來到 Season Box，以蓋飯為這一段漫步櫻花路行畫下美好句點。

▲ 第 2 次前往正值櫻花盛開時節，卻不巧遇到雨天，不知是否還有機會一睹這條櫻花油菜花大道在藍天下美麗盛開的模樣？

鹿山路

녹산로 ｜ 📷

你能想像當成排的櫻花遇上綿延道路兩側的油菜花，會是怎樣讓人心醉的畫面嗎？若想親眼看看這樣的美景，一定要去鹿山路。鹿山路位於中山間區的朝天橋來里和表善加時里之間，是長約 10 公里的南北向產業道路，這一帶除了濟州馬體驗公園外沒什麼其他景點，但每逢櫻花盛開時節就會吸引一些遊客。因為鹿山路是難得可以同時看到櫻花樹和油菜花在路上盛開之處，成排的粉紅與鮮黃交織，絕對是難忘的美景。

鹿山路在花季時最精華的區域，主要在靜石航空館往南這一段，若想搭乘巴士前往鹿山路卻又不耐走，就請打消念頭，因為目前沒有巴士行經鹿山路。我第 1 次前往是在鹿山路北端最近的巴士站下車後步行前往，沿鹿山路走了 10 公里，直到加時里十字路口才有前往表善市區的巴士站。第 2 次則是與友人共乘計程車前往，請司機在路邊臨停稍候，我們下車拍照後再離開。如欲搭計程車前往，建議與司機溝通清楚後再上車，或是安排會說中文的包車服務。

▲ 靜石航空館旁有一大片油菜花田，是享受被油菜花包圍的好地方。

靜石航空館　정석항공관

🏠 西歸浦市 表善面 加時里 3795-2 號（鹿山路 554 號）서귀포시 표선면 가시리 3795-2（녹산로 554）🚌 搭乘 710-1、720-1 號巴士在「耽羅乘馬場（탐라승마장）」站下車後，步行 5 公里。🕐 時間：09:00~17:00，週一、元旦、春節、中秋公休 📞 064-784-5322

廣峙其海邊

광치기해변 ｜

濟州島的春季隨處可見油菜花，熱門景點首推離島「牛島」。若沒時間前往牛島，城山日出峰附近的廣峙其海邊也有一大片油菜花田可過過癮。另外在郭支海邊往漢潭的路邊也有一片油菜花田，前往郭支海邊或漢潭海邊時可順道前往。

🚌 搭乘 701、710、710-1、910 號巴士在「廣峙其海邊（광치기해변）」站下車。

▼ 單車環島與搭乘巴士、開車移動最大的差異是，因為移動速度緩慢，反而會看見平常因為快速移動而忽略的美景。

▲ 聽完說明後，老闆很細心地幫忙固定隨車行李後（還強調如何捆綁會較穩固），就準備出發囉！

單車環島遊

濟州環島海岸公路長約 220 公里，喜好單車休閒活動的人，可以試試來一趟濟州單車環島體驗。我曾在 2009 年完成臺灣單車環島（蘇花段搭火車），當時覺得臺灣一圈 900 多公里都試過了，濟州島 200 多公里應該不是問題吧？殊不知我忽略了自己近 5 年沒騎單車，就決定挑戰濟州單車環島，果然是個完全衝動的決定……

單車租借我選擇鄰近龍潭港的 Jeju Hiking，因為怕電話講不清楚，在預定出發日前，我直接到店裡跟老闆諮詢單車環島事宜，並預約出發當天早上接送的時間地點。出發當天早上選好車款後，老闆攤開濟州島地圖說明建議路線與注意事項，以及每個地區的建議住宿。確認好預定環島天數後付款，路上有任何問題可隨時電話聯繫。並在準備出發前，將大型行李安置妥當、另備好隨車行李。

以我這次單車環島的經驗為例，我選擇從西海岸南下、東海岸折返的路線，原因除了方便看海，濟州島大部分單車專用道也規畫在靠海這一側，老闆也如此建議，因為濟州到大靜這一段平緩好騎，可當作單車環島的暖身。

3 天 2 夜行程中，我分別在大靜邑上摹里與城山邑三達里各停留 1 晚（中午休息時才臨時找當晚住宿），平均每天騎約 60~70 公里。老闆在出發前也特別提醒，進入中文觀光園區到南元這一段上坡路段稍多，以致於第 2 天的移動速度明顯慢很多，好不容易才在天黑前抵達預定住宿處。

如果沒有要挑戰行程堅實的單車環島，也可從龍潭往梨湖海岸，來一趟 2 ～ 3 小時的輕鬆單車休閒體驗。

3 天 2 夜環島行程

	Day1	Day2	Day3
上午	龍潭港、涯月邑	大靜邑、安德面、中文洞	城山邑、舊左邑
下午	翰林用餐、翰京面	西歸浦市用餐、南元邑	細花里用餐、朝天邑
晚上	抵達大靜、用餐	抵達三達里住宿處、用餐	返回濟州市單車行
住宿	大靜邑上摹里	城山邑三達里	

其他心得與建議

1. 請在白天行進、避免晚上騎乘。
2. 行李越輕便越好，減輕行進間負擔。
3. 衣褲質料以快速排汗為佳、當晚清洗後晾乾隔天繼續穿。
4. 做好萬全防晒準備。
5. 手機維持通話訊號通暢、可上網為佳。
6. 我當時運氣不錯沒遇到爆胎，如有需要或遇特殊狀況，可與車行老闆聯繫，或電洽 24 小時提供中、英、日文服務的「1330」旅遊諮詢熱線。總之，一切以安全為首要。

Jeju Hiking 제주하이킹

🏠 濟州市 龍潭 3 洞 1029-3 號（龍海路 3 號）
제주시 용담 3 동 1029-3（용해로 3）🚌 搭乘 7、17 號巴士在「龍海路（용해로）」站下車後步行約 100 公尺。🕐 08:00~18:00 📞 064-711-2200、010-5696-0999 @ www.JeJuhiking.co.kr

收費方式

- 當日原店歸還：1 小時 ₩ 3,000 ／ 2 小時 ₩ 5,000 ／ 3 小時 ₩ 7,000 ／ 5 小時 ₩ 10,000 ／ 6 小時以上（以一日計算）₩ 14,000
- A 點借 B 點還：除依天數租借費用，他點取車／他點還車，費用各外加 ₩ 5,000。除本店以外，在全島有 12 處合作民宿，於合作民宿住宿並租借／歸還時，可免加收取車費／還車費。
- 環島行程：3 天 2 夜 ₩ 30,000~45,000，4 天 3 夜 ₩ 40,000~60,000（視車款而異）
- 註 1. 利用電話或網路預約租車（老闆可用簡單英文溝通），有提供機場或濟州市外巴士客運站接送服務（去、回程都有）。2. 提供濟州單車環島地圖與諮詢服務，環島期間可將大型行李寄放在總店。3. 在總店租借 3 天 2 夜時，提供行李捆繩、車鎖、雨衣、安全帽。4. 完成單車環島旅行後，店家會提供單車環島紀念證並登上店官網英雄榜以資紀念。

馬拉松盛會

近年馬拉松運動蔚為風潮，除了臺灣，世界各地都有許多各具在地特色的馬拉松賽事，濟州島在春天與 11 月中旬柑橘產季都有舉辦主題馬拉松。我抱著好奇的心，參加了 2014 年 10 月初的「美麗濟州馬拉松賽」，以志在參加、欣賞沿途風景為目的選擇 10K 組，是讓我非常難忘的經驗。

賽事	舉辦時間	特色
濟州國際和平馬拉松	3 月	欣賞春天花季
濟州國際觀光馬拉松	5 月	以美麗東部海岸為路線
濟州國際柑橘馬拉松	10 月	柑橘盛產季節

※ 實際舉辦時間、路線等細節，以每年公告為準。

參考網址：www.facebook.com/JEJUEZGO（「濟州輕鬆遊 JEJU EZGO」粉絲團）

註：外國人報名通常不方便直接繳費，建議事先查詢主辦單位的規定進行報名作業。我因報名期間人在韓國，所以就「自行去銀行匯款」與「e-mail 報名表資料＋匯款憑據」給主辦單位，收到回信確認後，始完成報名程序。

◀ 我參加的路線主要是沿著東北海岸，如果跑全馬，沿途可欣賞金寧、月汀里、細花直到終達里的沿途各段海岸公路景觀。我是10K組，所以在月汀里海邊折返。

▲ 現場有炒黑豬肉和泡麵無限量供應，但準備要出發的我沒口福吃⋯⋯

▲ 大約每2.5K設有飲水補給站，也有香蕉和巧克力可享用。工作人員會很熱情的為選手「fighting 哈ㄙㄟ喲」～

▲ 不用擔心包包寄放問題，現場有為參賽者提供免費寄物服務，只要登記「參賽號碼＋姓名」就可以了。

▲ 完賽後記得領取點心包，裡面有紀念獎牌。運動衫在報到時就會發放，如果擔心號碼牌別針別壞自己的衣服，可穿大會紀念衫參賽。

走偶來小路

在濟州長大的徐明淑，大學畢業後於韓國知名政治雜誌擔任記者，在首爾一待就是 23 年。為了揮別忙碌的生活，在 50 歲那年毅然辭職，一人去西班牙聖地牙哥徒步旅行時得到啟發，回到故鄉濟州後，於 2007 年展開屬於在地人的小徑計畫，這就是濟州偶來小路（제주 올레길，Jeju Olle Trail）的緣起。

自 2007 年 9 月 1 號偶來小路開放至今已有 26 條路線（主路線 21 條、副路線 5 條），除了廣受喜歡戶外活動的韓國人歡

▲ 濟州偶來旅行者中心（제주올레여행자 센터）中心兼具濟州偶來營運、旅客休憩與創作表演體驗空間等功能，預計於 2016 年 8 月正式營運，將為濟州偶米 10 週年帶入另一階段里程碑，相關資訊再請密切注意濟州偶來粉絲團發布的訊息。

迎，也吸引不少外國遊客造訪，至 2016 年 1 月底為止，走完全部偶來小路並經過認證的人數總共 1,103 名，其中外國遊客有 22 名。以走訪偶來小路為旅行主題，除了能更進一步體驗濟州自然之美，這些車輛幾乎無法進入的偶來小路，大多是人們攜

帶工具、徒步開墾出來的，行走其間的同時更讓人不禁讚嘆到底花了多少心血去開發並持續維護，才能將這 26 條偶來小路呈現在世人面前。

如果你已造訪濟州至少 2 次、主要熱門景點都走遍，想更深刻感受濟州的純粹，那就千萬不可錯過偶來小路！而一年一度的偶來慶典「濟州偶來徒步大會」從 2010 年開始舉辦，至 2015 年的第 6 屆正好走完一圈，回到 21 號偶來小路，2016 年正逢濟州偶來成立 10 週年，想知道有什麼特別的慶祝活動，可注意濟州偶來粉絲團（www.facebook.com/jejuolletrail）的訊息。

在進入偶來小路的世界之前，有幾個小物你必須認識。

甘穗

「甘穗」（간세，Ganse）是濟州草原上常見的濟州矮種馬，比一般馬矮小，但是體格強壯、性格勇猛，名字由濟州話的「甘穗達利」（간세다리，gansedari）而來，是「小懶蟲」之意，我喜歡暱稱牠為「偶來小馬」。希望遊客走在偶來小路上，就像濟州草原上悠閒遊走、邊玩邊休息的甘穗小馬，慢慢行走、好好享受。

偶來標誌

為了讓遊客走偶來小路時不會迷路，沿途設有不同形式的偶來標誌（如下列），平均每 50 公尺就會有導引標示，尤其在分岔路或可能會出現前進方向不清楚的定點。如果走了一段距離發現似乎好一會沒看到偶來標誌時，建議拿出手機以地圖定位確認自己是否還在偶來小路上。

□ 箭頭

畫在地面、石牆、電線桿上，或以木製形式固定在石籬笆或木桿上的藍色、橘色箭頭，是偶來小路上最基本的指引標誌。藍色與橘色箭頭有何不同呢？藍色為循著濟州島順時針前進的方向，橘色則為逆時針，所以當藍色與橘色箭頭同時出現時，指引的方向一定是相反的。

□ 絲帶

在不方便設置箭頭的山林裡或路段，會以藍色和橘色的 2 條絲帶連接起來繫在樹枝上，通常都繫在比人的視線稍微高一點之處。絲帶是偶來小路上出現最頻繁的標誌。

□ 嚮導甘穗

在部分岔路口設有導引的甘穗小馬，甘穗頭的指向就是前進方向。嚮導甘穗主要分 2 種，一是身上標有現在的路線、目前所在位置號碼和剩餘里程數；另一種是簡介所在景點。其實還有一種身上沒任何標示、單純昂著頭指引方向。值得注意的是，

甘穗導引的方向與藍色箭頭一樣為順時針，如果你是依循橘色箭頭的逆時針路線走，沿途的甘穗會和你方向相反喔。

偶來小路上的甘穗均是以玉米原料加工而成的環保材質，其堅固程度可耐得住風雨，報廢處理後則可經生化分解回歸大自然，偶爾會看到淺藍色、白色的甘穗不要覺得奇怪，只是時間久了稍微褪色的緣故。

□ 偶來小路起點標誌石碑／蓋章點大甘穗

在每個起點的標誌石碑上，可看到該路線的簡要行經路線、里程數。每個起點／中點／終點都會有蓋章點的大甘穗，甘穗的頭上有路線主題紀念章和印臺。

□ 嚮導板

主要設置在電線桿或林間樹幹上，標示該路線剩下的里程數與行進方向箭頭。若有需要特別注意的危險路段，或必須臨時繞道的地方，則會有替代道路及危險路段標示，以韓、英文標示替代道路路線圖、預估步行時間與距離等。

偶來禮節

　　為了讓偶來小路永遠美麗、讓每一位遊客在偶來小路上都可以感受濟州之美，請務必遵守下列幾件事：

- 自己的垃圾自己處理，不要採摘橘子或其他農作物。
- 請依照路線標誌行走，並且不要亂動引導絲帶和標示牌，以免後來的遊客迷路。
- 對迎面而來的當地居民與偶來同好可以微笑、點頭致意打招呼。
- 試著學幾句簡單的濟州方言吧，如「Ban-gab-su-da-ye（반갑수다）」即為「很高興見到您」。
- 請悠閒地欣賞偶來小路沿途風光，並愛護遇到的動物們。
- 在路邊行走時注意行經車輛，並隨時注意自身的安全。
- 進出私有農場或土地時，請隨手關門或順手帶上圍欄。

偶來安全守則

- 開始走偶來小路前，請先於偶來網站（www.jejuolle.org）或導覽手冊了解當天預定行走路線的相關資訊與注意事項，並確認、熟記關於該路線的各種訊息。
- 獨自行走者請於早上 09:00 在各路線起點集合，與其他同好集體行走。某些冷門路線若找不到同行人，請聯繫濟州偶來服務中心 064-762-2190。
- 每天行走終了的時間，夏季為 18:00，冬季為 17:00，請不要於夜晚走偶來小路。
- 遇颱風、暴雨、暴雪等天候不佳時，請勿行走偶來小路。
- 請不要冒險嘗試遠離既定路線的陡坡或峭壁。
- 當發現找不到偶來標誌時，請回到最後一個看到的標誌處重新尋找。

準備前往偶來小路的建議

1. 手機可隨時上網，並會使用 Daum 地圖——非常重要！

　　手機可隨時上網為佳，並要學會使用 Daum Map（請參考 P19），除了可以查詢巴士搭乘資訊，Daum Map 有詳載全部偶來小路線圖（以藍色虛線標示，並有標註偶來小路線號碼），可看到起／中／終點蓋章處，迷路時可以地圖定位確認是否還在偶來路徑上。

要走完全部偶來小路，需要藍、橘2本護照。　　所有偶來小路上都設有蓋章處。

　　這是我認為最重要、一定要具備的，尤其是打算1個人走偶來小路者。我是使用EG Sim Card上網，在某些山林裡的偶來小路可能會訊號不良，但發生比例相對較少，個人經驗是9成以上都能正常上網。

2. 取得偶來導覽手冊、偶來護照

　　外國遊客要取得偶來導覽手冊、DM等資訊（韓／英／簡中版），最方便的地點為濟州機場1樓大廳的濟州偶來諮詢服務臺（在濟州旅遊諮詢服務櫃臺旁），這裡也販售偶來護照（Olle Passport），或前往中央路商圈的Ganse Lounge洽詢、購買（請見P32）。

3. 建議穿著與裝備

- 以休閒舒適的衣著、好走的球鞋為佳，建議穿長袖、長褲，除了防風、保暖、防晒，也可避免被蚊蟲叮咬或經過草叢堆時引起皮膚不適。
- 如果預計行走多條偶來小路，建議穿登山鞋更好，除了走山林小徑、攀登小火山更輕鬆，行走在海邊岩石路等不平坦路段時，可保護腳踝、減少扭傷。
- 行走偶來小路時除了林蔭道，多會曝晒於戶外陽光下，為避免晒傷，我會備齊帽子、頭巾，和單車環島包緊緊的狀態沒兩樣，連擦防晒油都省了。
- 一定要備糧與水，如麵包、飯捲等可以簡單打發一餐的輕食，以免在前不著村、後不著店的路段餓到發昏沒力氣走。
- 雨衣：備而不用，請勿攜帶雨傘，因為在風多的濟州，雨傘沒有太大作用。如果是斗篷型一件式雨衣，請確認可扣上全部扣子、穿妥，別因為多了後背包的關係導致無法整排釦子扣攏，因為我發生過，結果前半身防護不周全而淋濕。

4. 行走時不要戴耳機聽音樂

　　這是安全考量，1個人行走時尤其需提高警覺留意周邊動態、往來人車。趁這機會好好欣賞聆聽風、海、蟲鳴鳥叫等各種自然的聲音，會是更棒的選擇。

5. 建議先從大海偶來開始體驗，並順時針走

開始走偶來小路前，要喜歡走路，這是基本的。如果本身沒有健行或登山經驗，建議先從以沿海路線為主的大海偶來試試，除了平坦好走，因全程開闊、鄰近車道，相對較安全。山林偶來有些路段是在稍封閉的林蔭間，或位置較偏僻不容易遇到住家，不太建議獨自行走。走過大海偶來後如果喜歡，再挑戰山林偶來。

偶來初體驗推薦路線：以沿海路線為主的 5、6、17、18、20 號，這幾條路線會經過市區，或是起／終點離市區近，搭巴士往返不會花太久時間，不過 17、18、20 號里程稍長；周邊島嶼偶來如 1-1 的牛島和 10-1 加波島也不錯，路程不長且全程好走，也不用煩惱在島上移動的交通方式，一舉數得！建議順時針方向走，如此一來與藍色箭頭及偶來小馬的導引為同一方向，不但不易迷路，而且會感覺小馬在陪伴你一同前行。

如果當天個人狀態不佳，請不要勉強走下去，擇期再挑戰。如果要前往周邊島嶼的偶來小路，請當天一早先打電話確認船班是否正常行駛，以免白跑一趟。（不懂韓文者可請住宿處的職員代為洽詢）

偶來認證

偶來小路包含海岸、山岳、村落、林間小徑共 26 條，總長超過 400 公里，為了鼓勵全部走完的遊客，特地設計了榮譽認證形式，只要持蓋滿 26 條偶來小路起／中／終點章的藍、橘 2 本偶來護照，可到濟州機場的偶來服務臺或西歸浦辦公室，經工作人員檢查確認後，就會頒發認證證書與榮譽勳章，還會拍照上傳至濟州偶來網站作紀念。

健行很容易，但對外國遊客來說，要花約 1 個月的時間待在濟州島陸續走完 400 多公里的路，其實是很大挑戰。不過走偶來小路可以充分體驗濟州美景，無須另外規畫行程，只要到路線起點處跟著標誌一路走下去就對了，我試了一條就愛上，真心推薦給喜歡親近自然的你！

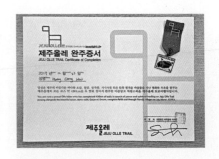

濟州偶來西歸浦辦公室
제주올레

🏠 西歸浦市 西歸洞 252-29 號 2 樓（中洞路 74 號）서귀포시 서귀동 252-29 2층（중동로 74）📞 064-762-2190 🕐 請上班時間前往。

路線 1　始興—廣峙其

| 長　度 | 15.5 公里（4~5 個小時） | 難易度 | 中

此為濟州偶來最早開發的路線，沿途景觀主要為丘陵與大海。從始興小學出發後，經草原緩步上坡，登上末尾岳與卵岳（1 號偶來小路制高點），可遠眺城山日出峰、牛島、田園、村落與大海的景色，加上偶遇自由自在、埋頭不停吃草的牛群與馬群，是 1 號偶來小路景致最棒的一段！經終達里往海邊方向前進，即是有「濟州島最長、最美海岸公路」之譽的終達至始興海邊，接著往城山港口後經 UNESCO 世界自然遺產「城山日出峰」，最後以春季油菜花遍布的廣峙其海邊，畫下 1 號偶來小路的句點。

偶來護照印章處

起 始興小學（시흥리안내소）**中** 木花休息站（목화휴게소）蓋章處在店內 **終** 廣峙其海邊（광치기해변）

📍 起點定位：Dorothy Guesthouse（도로시 게스트하우스）🏠 西歸浦市 城山邑 始興里 1011-1 號，서귀포시 성산읍 시흥리 1011-1（시흥상동로 68 번길 26-1）📞 064-782-7977 🚌 搭乘 701、910 號巴士在「始興里（시흥리）」站下車後步行 100 公尺。🏪 沿途景點與店家：咖啡村（P100）、看不見海（P101）、吾照海女之家、大海之家（P102）、景美休息站（P103）、城山日出峰（P104）

路線 1-1 牛島

| 長　度 | 11.3 公里（4~5 個小時）
| 難易度 | 低

海水一年四季總是蔚藍的牛島，讓人未到心已嚮往。利用循環巴士遊島的範圍多在沿海，透過牛島偶來可以感受牛島在海景以外的田園、山林景致。登上牛島峰後，迎著微風環視山脊、草原與海岸所構成的美麗景觀更令人難忘。和其他偶來相較，牛島偶來小路路程較短，建議搭乘第 1、2 班船班盡早抵達，這樣除了行走偶來小路，還有充裕時間享受花生冰淇淋、喝杯海景咖啡，或一訪傳說中的漢拏山炒飯，因為不是每條偶來小路都有機會隨時大吃大喝的。

偶來護照印章處

起 / 終 牛島天津港（천진항） 中 下古水洞海水浴場（하고수동해수욕장）

📍 起點定位：海螺飯店（소라반점）🏠 濟州市 牛島面 演坪里 1747-4 號（牛島路 1 號）제주시 우도면 연평리 1747-4（우도로 1） 📞 064-782-0100

註 1. 從城山前往牛島的交通方式與景點、店家介紹，請參考「牛島」的介紹（P183）。2. 如果沒有要在牛島留宿，抵達時請先留意返回城山的末班船班時間，以利掌握行程時間。3. 牛島附近也有一座飛揚島，是位在牛島東北部的小島，和挾才海邊所看到的不是同一個島。

路線 2　廣峙其—溫平

| 長　度 | 14.8公里（4~5個小時） 　　|難易度| 中

從廣峙其濱海路線出發的 2 號偶來小路，雖然大部分路段不在沿海，但於山林小徑間緩慢登高的同時，可以各種角度眺望城山日出峰，相當特別。離開城山港區後往山林間走去，幽靜的山路帶來微微害怕緊張，卻又不自覺臣服於眼前山林迷人的魅力中。大水山峰是 2 號偶來小路的制高點，可飽覽城山日出峰、城山港、廣峙其海邊以及城山村落景觀。接近終點之前的婚姻池是濟州古神話「三姓神話」中高、梁、夫三神人，迎接碧浪國的三位公主舉行婚禮、與婚後暫時居住過的岩石洞穴。

偶來護照印章處

起 廣峙其海邊（광치기해변）　中 城山紅超市（성산 홍마트）　終 溫平碼頭（온평포구）

起點定位：San Diago Guesthouse（산티아고 게스트하우스）🏠 西歸浦市 城山邑 高城里 235-4 號，서귀포시 성산읍 고성리 235-4（일출로 88-7）📞 010-5696-3377 🚌 搭乘 701、710、710-1、910 號巴士在「廣峙其海邊（광치기해변）」站下車，往海邊草地前往即是。🚏 沿途景點與店家：B 日常雜貨店（P103）

路線 3 溫平—表善

A｜長　度｜19.9 公里（6~7 個小時）　｜難易度｜高
B｜長　度｜13.7 公里（5~6 個小時）　｜難易度｜低

起終點都在沿海，但主要是感受山林魅力為主的
3 號偶來，除了在視野開闊的桶岳和獨子峰，
可深切感受到濟州小火山的風采，山原上芒草群隨風
搖曳的畫面更讓人陶醉。於中間點蓋章處可別錯過金
永甲藝廊，領會這位攝影家對濟州的熱愛後，再往海
邊移動。新豐新川海洋牧場的牛群，在廣闊大海旁的
青翠草地悠遊生活，還可看到三兩釣友在岸邊海釣，
最後在 8 萬坪的壯闊表善白沙灘，結束 3 號偶來的美
好體驗。

偶來護照印章處

🚩 溫平碼頭（온평포구）**中** [A] 金永甲藝廊入口（김영갑 갤러리 입
구），[B] 新山里咖啡（신산리카페）

🏁 表善濟州偶來服務站（표선 제주올레 안내소）

📍 起點定位：Jjong I 家海鮮（쫑이네해산물）🏠 西歸浦市 城山邑 溫平里
956-1 號，서귀포시 성산읍 온평리 956-1（환해장성로 549）📞 064-782-
5880 🚌 搭乘 701、910 號巴士在「溫平小學（온평초등학교）」站下車，
步行 800 公尺。
📝 B 為 2015 年 5 月底推出的支線，主要沿海岸行走，比 A 路程短、也
較為輕鬆，本文景點資料以 A 路線為主。（官網韓、英文頁面有更新，日、
簡中頁面為舊資料）沿途景點與店家：金永甲藝廊（P108）、山岳咖啡
（P109）、風可支壁畫村（P111）、濟州民俗村博物館（P112）

路線 4 表善—南元

| 長 度 | 23.1 公里（6~7 個小時）
| 難易度 | 高

　　半是美麗海岸、一半是山林景色的4 號偶來，可以走訪如實呈現濟州海女生活的加麻里浦海邊，這也是當地海女走出來的海邊小路，因為濟州偶來的開發，在時隔 35 年後將海邊林間小路重新修復。4 號偶來鄰近海岸公路，沿途有多座燈塔，藍天下的白色燈塔景觀是不少知名韓劇如《IRIS》、《你為我著迷》的取景地。這也是所有偶來小路中路線最長的，在離開山林再度回到海濱的最後 6 公里，當時已經走約 17 公里的我，覺得海岸線漫長得看不到盡頭，疲憊感不自覺油然而生，建議偶來體驗新生，不要急著挑戰這條最長偶來喔！

偶來護照印章處

🔴 表善濟州偶來服務站（표선 제주올레 안내소）

🟢 土產南國生魚片店（토산 남쪽나라 횟집）

🔵 南元碼頭（남원포구）

📍 起點定位：朗古基生魚片店（낭구지횟집）🏠 西歸浦市 表善面 表善里 40-35 號，서귀포시 표선면 표선리 40-35（민속해안로 585）📞 064-787-7711 🚌 搭乘 720、720-1 號巴士在「表善濟州民俗村（표선제주민속촌）」站下車；或搭乘 701、910 號巴士在「表善里事務所（표선리사무소）」站、「表善里濟州銀行（표선리 제주은행）」下車，步行約 1 公里。

路線 5 南元—牛沼河口

| 長　度 | 14.4 公里（4~5 個小時）　　| 難易度 | 中

從南元碼頭出發的 5 號偶來是沿海岸線直到牛沼河口的濱海偶來，首先經過被稱為「韓國最美麗海岸散步路」之一的肯瀚勝地散步路，起伏的丘陵、奇岩絕壁，襯著藍天白雲與碧綠海洋，形成一幅絕美風景。穿過被風不斷吹得傾斜的樹林時，遇見以樹緣與枝幹意外形成的韓國國界輪廓，讓人不禁會心一笑。5 號偶來還有另一個美景，就是從冷冬到隔年春天持續綻放的美麗東柏花群落，據說這是一位 17 歲嫁到這裡的賢孟春婆婆，為了抵擋冷冽的海風，將漢拏山的東柏花種子在此種下而形成，每逢花季便有不少遊客前往這在地人私房景點。

偶來護照印章處

起 南元碼頭（남원포구）　中 川谷亭前（곤내골정자 앞）

終 牛沼河口（쇠소깍휴게소 맞은편）

起點定位：休息站 Guesthouse（쉼터 게스트하우스）西歸浦市 南元邑 南元里 92-2 號，서귀포시 남원읍 남원리 92-2（남태해안로 137）064-764-8459 搭 乘 3、100、110、120、130、701、730、730-1、930 號巴士在「南元碼頭入口（남원포구입구）」站下車，步行 300 公尺。

鄰近景點與店家：Warang Warang（P114）、東柏花群落地（P198）、Labas Books（P116）瑞英的家（P115）、Yone 商會（P117）、供川 59（P116）、牛沼河口（P74）

路線 6　牛沼河口—獨立岩

｜長　度｜ 14公里（4~5個小時）　**｜難易度｜** 低

6號偶來的起點是海水和淡水交匯、可搭乘濟州傳統木筏的牛沼河口，因會經過西歸浦市區、李仲燮街、天地淵瀑布及濟州名景之一的獨立岩，具備自然美景與在地文化特色，是適合展開偶來小路初體驗的選擇之一。且牛沼河口—獨立岩的中間點有提供諮詢／休憩服務與偶來商品展售的濟州偶來事務局，僅此一家別無分號，是偶來小路愛好者必朝聖地點。

偶來護照印章處

起 牛沼河口（쇠소깍 쉼터 앞）中 濟州偶來事務局（제주올레 사무실）終 獨立岩入口（외돌개 입구）

📍 起點定位：牛沼河口服務區（쇠소깍휴게소）🏠 西歸浦市 下孝洞 995 號，서귀포시 하효동 995（쇠소깍로 128）📞 064-767-0756、064-732-1402 🚌 搭乘 8、100、110、130、701、730、730-1、910、930 號巴士在「孝敦中學（효돈중학교）」站或「孝禮橋（효례교）」站下車，步行 1.3 公里。

註 在西歸浦市區從李仲燮居住地起分 A、B 路段，於詩公園出口重新會合。我當時想去西歸浦市場吃小吃，所以選擇 A 路段。

市場偶來 A 路段：李仲燮居住地－西歸浦每日偶來市場－詩公園－三梅峰。

海岸偶來 B 路段：李仲燮居住地－西歸浦港－天地淵瀑布入口－生態蓮花池－三梅峰。

沿途景點與店家：牛沼河口（P74）、御真家海鮮（P75）、正房瀑布（P73）、西歸浦每日偶來市場（P66）、李仲燮美術館（P68）、針咖啡（P69）、德盛園（P70）、天地淵瀑布（P71）、鳥島與新緣橋（P72）、獨立岩（P72）

路線 7　獨立岩—月坪

| 長　度 | 14.2 公里（4~5 個小時）　　|難易度| 中

在獨立岩海邊木棧道展開美麗的起點，來到最受偶來遊客青睞的自然生態路「秀峰路」，此路名稱由來是在 2007 年，正為開闢新路線而苦惱時，金秀峰先生因綿羊經過而受到啓發，親自以鐵鍬和鎬頭開挖了這條路。走過秀峰路，可看到專為偶來同好者設置的大倫洞故事郵筒，利用現場免費提供的明信片，寫好後可選擇投遞「紅色」郵筒：美樂園、家族愛、友情、至高至順、大義，投入的明信片將會被保管 1 年後再寄出；綠色郵筒則代表「無法寄出的信」。想體驗 1 年後收到明信片的感覺不妨一試，但記得要投入郵資喔！（寄回臺灣的建議郵資為 ₩ 400）

偶來護照印章處

起 獨立岩入口（외돌개 입구）　中 肯辛頓海邊郵局（켄싱턴 바닷가우체국）

終 月坪村啊窩囊木（월평 아왜낭목）

📍 起點定位：獨立岩服務處（외돌개휴게소）🏠 西歸浦市 西烘洞 782-1 號，서귀포시 서홍동 782-1（남성로 57）📞 064-732-8027 🚌 搭乘 8 號巴士在「獨立岩（외돌개）」站下車，依指標前往；如從中央圓環步行前往，距離約 2.5 公里。
📝 沿途景點與店家：獨立岩（P72）

路線 7-1 世界盃足球場—獨立岩

| 長　度 | 14.8 公里（4~5 個小時） | 難易度 | 中

從世界盃足球場出發，最後回到獨立岩的 **7-1** 號偶來，是少數沒有濱海路段的偶來小路，會經往平時低調神祕、在暴雨來臨後才有機會欣賞到壯麗景色的瀚渡瀑布，沿途除了可遠眺漢拏山，還能俯瞰西歸浦全景與遠方大海，也會經過在濟州難得一見的稻田區。走前面幾條偶來小路時已習慣海景陪伴的我，走在 **7-1** 號路上總會覺得少了點什麼。瀚渡瀑布因《兩天一夜》曾前往取景而受到關注，我去時因非雨季，完全乾枯與一般絕壁無異，附近有一家無人咖啡廳，可在此稍作休息。

偶來護照印章處

起 世界盃競技場入口（월드컵경기장 입구）　**中** 濟南保育院前（제남보육원 앞）

終 獨立岩入口（외돌개 입구）

📍 起點定位：濟州世界盃競技場（제주월드컵경기장）🏠 西歸浦市 法還洞 914 號，서귀포시 법환동 914（월드컵로 33）📞 064-760-3623、064-760-3611 🚌 搭乘經往「西歸浦市外巴士客運站（서귀포시외버스터미널）」或「濟州世界盃競技場（제주월드컵경기장）」站的巴士，下車後步行前往。

路線 8 月坪—大坪

| 長 度 | 18.9公里（5~6個小時）
| 難易度 | 中

8號偶來沿途會經過朝鮮王朝早期的佛教建築、韓國規模最大的寺院藥泉寺，寺中供奉韓國境內最大、高5公尺的主佛庇慶剎那佛安。在大浦碼頭後可欣賞由漢拏山噴出的熔岩流入海冷卻而成的柱狀節理，從這裡進入中文觀光園區後，可前往泰迪熊博物館、Play K-POP博物館、如美地植物園，也能前往鮮少遊客的祕境、居高俯視中文海邊的遼闊景觀。從安德溪谷邊大海延伸成一片寬廣平原的大坪里村，因為與海為鄰，寧靜悠閒，加上環抱大坪里村的群山，幽靜村落裡有不少特色餐廳、咖啡廳與民宿，儼然世外桃源。

偶來護照印章處

起 月坪村啊窩囊木（월평 아왜낭목） 中 柱狀節理旅遊咨詢服務站（주상절리 관광 안내소） 終 大坪碼頭（대평 포구）

📍起點定位：啊窩囊海女村（아왜낭해녀촌） 🏠西歸浦市 月坪洞 476-7 號，서귀포시 월평동 476-7（월평하원로20）📞064-739-5533🚌搭乘5、7號巴士在「月坪（월평）」站下車；或搭乘100、110、120、130、702、780、780-1、780-2、961號巴士在「河源洞（하원동）」站下車，步行約1.6公里。
🚻在中文觀光園區 Pacific Land 分 A、B 兩支線，A 路線經中文穡達海邊，路線長度較 B 多1公里。沿途景點與店家：天帝淵瀑布（P78）、柱狀節理（P82）、ICC 濟州免稅店（P82）、如美地植物園（P84）、Play K-POP博物館（P80）、海鮮香格里拉（P85）、中文穡達海邊（P83）、魚咖啡（P141）

路線 9　大坪—和順

| 長　度 | 7.5 公里（3~4 小時）　 | 難易度 | 高

9 號偶來雖僅長 7.5 公里，但千萬不要以為 2 小時就可走完，這是一條全程 2/3 都在林蔭間穿梭的山林偶來。從大坪里旁的陡峭絕壁出發，沿著曾為馬道的莫爾吉兒行走，就是一連串上山小徑，經過菩提樹散步路、朝鮮時代為監視外敵而設的烽火臺，當時可與山房山下的山房煙臺互通訊息。直到攀登月羅峰，雖然都是路程稍微辛苦的山林小徑，但沿途的大坪碼頭全景、林蔭道、山陵草原、溪谷等原始天然景色，一路上都讓精神感官獲得最大滿足。9 號偶來經過的安德溪谷，和 P140 介紹的安德溪谷，同樣為沿著倉庫川形成的溪谷，只是分處上、下游，位置不同。

偶來護照印章處

起 大坪碼頭（대평 포구） 中 黃小川橋邊廁所（황개천 다리 화장실 옆）

終 和順金沙海邊（화순금모래해변）

📍 起點定位：大坪生魚片（대평회센타） 🏠 西歸浦市 安德面 倉川里 914 號，서귀포시 안덕면 창천리 914（대평로 52） 📞 064-738-1343 🚌 搭乘 100 號巴士在「大坪里（대평리）」站下車，步行約 600 公尺。
註 沿途景點與店家：魚咖啡（P141）

路線 10　和順—摹瑟浦

| 長　度 | 15.5 公里（4~5 個小時）
| 難易度 | 中

10 號偶來雖也是大海偶來，路程卻沒有想像中輕鬆。從和順海邊出發沒多久就是沿著山房山外圍的上坡路，經過山房煙臺、龍頭海岸後，到沙溪海邊就是平坦的路段。攀登松岳山的沿途景色是 10 號偶來最美的一段，松岳山是韓國最南端的山脈，除了可觀賞在海洋上靜靜躺臥的馬羅島和加波島，也能眺望先前經過的山房山。抵達終點前，會來到韓戰時期曾發生大屠殺的西卵岳 4.3 事件犧牲者紀念碑，與日本侵略時期興建的航空基地阿爾德日機場，在夜幕即將來臨之際一個人經過曾發生戰爭的歷史現場，心裡不免有些五味雜陳。

偶來護照印章處

起 和順金沙海邊（화순금모래해변）中 松岳山休息站對面（송악산 휴게소 맞은편）終 下摹體育公園服務站（하모 체육공원 안내소）

📍 起點定位：Marine Park（마린파크）🏔 西歸浦市 安德面和順里 825 號，서귀포시 안덕면 화순리 825（화순중앙로 132）📞064-792-7776、064-792-7777🚌 搭乘行經「和順（화순）」的 702、750-1、940 號巴士在「安德農協（안덕농협）」站下車，步行約 1 公里。
註 2015/07/01~2016/06/30 為本路線休復養生年，請於此期間之後再前往。鄰近景點與店家：Sea and Blue（P139）、Lazy Box（P139）、山房山（P137）、龍頭海岸（P138）、松岳山（P136）

路線 10-1　加波島

| 長　度 | 5 公里（1~2 個小時）　 | 難易度 | 低

韓國最高處為濟州島的漢拏山，地勢最低的島嶼則是濟州的加波島，島的最高點不過 20.5 公尺。10-1 號偶來絕對是 26 條偶來小路中最輕鬆的一段，不僅路程短，且全程平緩好走。特別推薦在每年 4、5 月之際的青麥田季節前往，島上廣達 17 萬坪的青麥田麥浪，加上海天一線的背景與村落景致點綴其間，是加波島最美的時刻。這時只有一件事要擔心，如果沒有要在加波島留宿，在島上停留的時間約只有 2 小時，千萬別被眼前美景一時迷惑，錯過當天返回摹瑟浦的船班。

偶來護照印章處

起 上洞港口（상동포구）　終 下洞港口（가파포구）

📍 起點定位：大海別墅（바다별장）🏠 西歸浦市 大靜邑 加波里 205 號，서귀포시 대정읍 가파리 205（가파로 241）📞 064-794-6885 🚌 從摹瑟浦前往加波島的交通方式，請參考 P189

Photo by Mogu Chen

路線 11 摹瑟浦—武陵

| 長　度 | 17.5 公里（5~6 個小時）
| 難易度 | 高

前往 11 號偶來最高點摹瑟峰這段「被忘記的老路」，是在山火管理員建議下復原，站在峰頂、越過成群的芒草即是村落與大海，這裡是 11 號偶來蓋章中間點，也是這一帶最大公墓區，感覺有點奇妙。在新坪—武陵間的葛扎瓦兒（곶자왈，濟州方言，指樹木和藤子糾結纏繞、錯雜一片的地方），沿途的原始山林美得教人感動，但一不留神很可能會迷路，要小心留意沿途偶來指標，加上部分路段手機訊號不良，官方資訊並不建議單獨行走。我一人行走葛扎瓦兒時，曾有幾次因為我的腳步聲打擾到附近棲息的鳥兒，鳥兒忽然振翅疾飛的聲響在寧靜林間更顯巨大，連我也被嚇得差點失魂……

偶來護照印章處

起 下摹濟州偶來服務站（하모 제주올레 안내소）

中 摹瑟峰山頂（모슬봉 정상）

終 武陵生態文化體驗村（무릉생태문화체험골）

起點定位：紅超市摹瑟浦店（홍마트 모슬포점）西歸浦市 大靜邑 下摹里 2143-3 號，서귀포시 대정읍 하모리 2143-3（최남단해안로 13）064-792-0100 搭乘 755、940、950、951 號巴士在「下摹體育公園（하모체육공원）」站下車，步行 50 公尺；或搭乘 702 號巴士在「下摹 3 里（하모 3 리）」、「下摹 2 里（하모 2 리）」站下車，步行約 400 公尺。

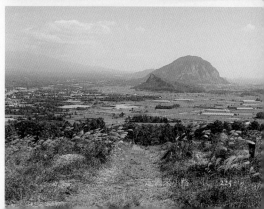

路線 12　武陵—龍水

| 長　度 | 17.1 公里（5~6 個小時）　|難易度| 中

從山林邁向大海的 12 號偶來還算平坦好走，雖會攀登 2 座小火山但難度不會太高，沿途可看到平原、田野、村落、大海、山岳等景觀，景色不斷變化，目不暇給。遠望著高山氣象臺的白色球頂，隨著偶來標誌慢慢接近，不抱任何預期地登上水月亭後，就因眼前瞬間開闊的寬廣而讚嘆，在水月峰可看到濟州島附屬最大的無人島——遮歸島，以及竹島、雪島、堂山峰等西海岸風光，加上遠方大風車群緩緩旋轉，畫面十分療癒，從水月峰到堂山峰沿途隨著腳步移動帶來的各角度景致，是我覺得 12 號偶來景色最美的一段。

偶來護照印章處

起 武陵生態文化體驗村（무릉 생태문화체험골）

中 新道里山景陶藝（신도리 산경도예）

終 龍水碼頭（용수포구）

📍 起點定位：武陵生態文化體驗村（무릉 생태문화체험골）🏠 西歸浦市 大靜邑 武陵里 581-1 號，서귀포시 대정읍 무릉리 581-1（중산간서로 2881 번길 35-8）📞 064-792-2333 🚌 搭乘 950 號巴士在「坐起洞（좌기동）」站下車，步行 400 公尺；或搭乘 750-4 號巴士在「仁鄉洞入口（인향동입구）」站下車，步行 1.2 公里。
註 鄰近景點與店家：水月峰（P134）

路線 13 龍水—楮旨

| 長　度 | 14.7 公里（4~5 個小時）　|難易度|中

自海邊碼頭出發，往山裡探去的 13 號偶來，沿途平坦好走，巨大椅子造型的中間蓋章站樂泉里九眼泉村（낙천리 아홉굿 마을），據說是濟州島最早有鐵匠鋪的地方，挖掘造鐵主材料的 9 個洞都積滿了水，成為水源豐富之泉，是村落名稱的由來。在九泉村裡，上千種造型椅將村落點綴得別具特色，成為濟州島主題景點之一。終點前的楮旨岳（저지오름）高 390 公尺、周長 1540 公尺，因有很多楮樹，也被稱為楮樹岳，是濟州島數一數二的美麗森林，我到此時天已快黑，為了安全不得不放棄登上楮旨岳，而從林間小徑直接去楮旨村會館，現在回想不免覺得可惜，下次絕對要再找機會前往。

偶來護照印章處

起 龍水碼頭（용수포구）

中 樂泉里九眼泉村（낙천리 의자마을）

終 楮旨村會館（저지마을회관）

📍 起點定位：濟州漂著紀念館（제주표착기념관）🏠 濟州市 翰京面 龍水里 4266 號，제주시 한경면 용수리 4266（용수 1 길 108）📞 064-772-1252 🚌 搭乘 962 號巴士在「龍水里村民會館（용수리마을회관）」或「州九東山（주구동산）」站下車，步行約 400 公尺；或 702、960、962、964、966 號巴士在「龍水里忠魂基地（용수리충혼묘지）」或「龍水里（용수리）」下車，步行 1.4 公里。

路線 14　楮旨—翰林

| 長 度 | 19 公里（6~7 個小時）
| 難易度 | 中

同樣是山林和大海各半的 14 號偶來，行經大松樹林路（큰소낭 숲길）、幽靜的農路（오시록헌 농로）與凹陷林路（굴렁진 숲길），穿過仙人掌村後不知不覺來到月令里海邊，循著偶來小馬的指引走近金陵海邊、挾才海邊，遠望飛揚島，一路上無論是石籬笆路、田野路、林蔭路、河川路，沿著仙人掌群鋪成的木棧道、細白迷人的沙灘，沿途色彩從青蔥翠綠慢慢轉化為碧綠蔚藍，時間對的話，還可在挾才海邊欣賞橘紅昏黃的落日晚霞。

偶來護照印章處

起 楮旨村里會館（저지마을회관）中 仙人掌自生地入口（선인장자생지 입구）終 翰林港（한림항）

📍 起點定位：楮旨村會館（저지마을회관）🏠 濟州市 翰京面 楮旨里 1863-1 號，제주시 한경면 저지리 1863-1（중산간서로 3675）📞 064-772-4992 🚌 搭乘 950、962、967 號巴士在「楮旨里事務所前（저지리사무소앞）」或「楮旨里（저지리）」站下車，步行 30 公尺。
🚏 鄰近景點與店家：月令里仙人掌自生地（P132）、翰林公園（P131）、金陵海邊／挾才海邊（P128）、飛揚島（P184）、The Got（P132）、休止符（P129）、Anthracite 翰林（P130）、寶榮飯店（P127）

路線 14-1 楮旨—武陵

| 長　度 | 17 公里（6~7 個小時）
| 難易度 | 高

第14-1 號偶來因為有好幾段葛扎瓦兒林間小路，較容易迷路，且沿途沒有住家，偶來官方建議不要獨自行走。雖然如此，我在美麗景色的陪伴下還是硬著頭皮加快腳步地走完（途中確實有手機無訊號路段）。在路上遇見馬兒近距離從我面前小跑步經過，真是十分特別的畫面。14-1 號偶來行經的最熱門景點，當屬 O'sulloc 綠茶博物館與 Innisfree Jeju House，從林間小徑穿過人身可過的樹蔭小洞，一大片整齊曲線的綠茶園豁然開朗地呈現在眼前，是這條偶來小路最難以忘懷的瞬間，絕對不要錯過到綠茶博物館與小憩片刻的幸福時光。

偶來護照印章處

起 楮旨村里會館（저지마을회관）

中 O'sulloc 綠茶博物館（오설록 티 뮤지엄）

終 仁鄉洞草腥氣餐廳前面（인항동 풀내음식당 앞）

♀ 起點定位：楮旨村里會館（저지마을회관）▲ 濟州市 翰京面 楮旨里 1863-1 號，제주시 한경면 저지리 1863-1（중산간서로 3675）☎ 064-772-4992 🚌 搭乘 950、962、967 號巴士在「楮旨里事務所前（저지리사무소앞）」或「楮旨里（저지리）」站下車，步行 30 公尺。

🚏 鄰近景點與店家：楮旨文化藝術家村／濟州現代美術館（P167）、O'sulloc 綠茶博物館／Innisfree Jeju House（P170）

路線 15　翰林－高內

| **長　度** | 19.1 公里（6~7 個小時）　　| **難易度** | 中

　　　從翰林港出發的 15 號偶來，在港邊可看到成群的海鷗歇息，其中幾隻還停駐在刻有海鷗模樣木雕的木桿上，沒仔細看還真有些難以分辨。遠離海邊後，一路經過村莊、田園，再漸漸往山林間前進，登上高內峰後視野變得開闊，有阿珠嬤散步至此，一邊望著眼前美景、一邊使用健身設備運動，簡單的幸福也不過如此。離開高內峰後的環山路某一段，距離七彩繽紛的涯月小學多樂分校步行距離僅 500 公尺，如果剛好是假日，可以順道走去瞧瞧。終點的高內碼頭涼亭附近有「散步」無人咖啡廳（산책，010-7625-7711）以及「你是風」海鮮麵（그대가 바람이라면，064-799-7225），不妨在此欣賞大海景色、休息一會吧。

偶來護照印章處

起 翰林港（한림항）　**中** 納邑小學（납읍초등학교）　**終** 高內碼頭（고내포구）

📍 起點定位：翰林港渡船等候室（한림항도선대합실）🏠 濟州市 翰林邑 大林里 2019-17 號，제주시 한림읍 대림리 2019-17（한림해안로 192）📞 064-796-7522 🚌 搭乘 702、950、960、966 號巴士在「翰林加油站（한림주유소）」或「翰林天主教會（한림천주교회）」站下車，步行約 400 公尺。
🚻 鄰近景點與店家：涯月小學多樂分校（P164）、Gobullak（P121）

路線 16　高內—光令

| 長　度 | 16.9 公里（5~6 個小時）　| 難易度 | 中

自高內碼頭出發到舊嚴碼頭約 5 公里的路程，是平坦好走的大海偶來。在舊嚴碼頭轉向田野，經村落、田園與水山峰後，來到為生產糧食而建的水山里蓄水池，水池邊有一棵高 10 公尺的大松樹，大樹枝兩側最寬處達 26 公尺，據說是約 400 年前水山里建村時種下，每當冬天下雪時，樹上覆蓋白雪的樣子就像一隻熊在喝水池裡的水，所以也被稱為熊松。我在 12 月中旬走 16 號偶來，也是我的倒數第 2 條偶來。當天伴隨陣風、時晴時雨時雪，我穿著雨衣努力走穩步伐，同時希望再加快腳程，好盡快走到終點的狼狽樣，直到現在都還清楚記得。

偶來護照印章處

起 高內碼頭（고내포구） 中 缸坡頭裡抗蒙遺址（항파두리 항몽유적지） 終 光令 1 里事務所（광령 1 리사무소）

起點定位：Sea Stay Hotel（씨스테이 호텔） 濟州市 涯月邑 高內里 1105-1 號，제주시 애월읍 고내리 1105-1（애월해안로 255） 064-799-7757 搭乘 702、770、950、966、970 號巴士在「高內里（고내리）」站下車後，步行約 600 公尺。
鄰近景點與店家：做料理的木匠（P120）

路線 17　光令—山地川

| 長 度 | 19.2 公里（6~8 個小時）　　| 難易度 | 中

此為我參與 2014 年偶來慶典第 1 天的行走路線，出發前心情興奮又激動——我終於不是一個人了！沿著無愁川旁的林間小徑一路前進，步行約 5 公里後來到海邊，除了會經過有紅白小馬燈塔的梨湖海邊，登上道頭峰還能看到港口與濟州機場起降的飛機，這裡也是欣賞美麗夕陽的知名景點。經過龍頭岩、龍淵後進入舊濟州市區，最後在東門市場外的山地川廣場 17 號偶來之旅，全程還算好走，又經過濟州市多處景點，沿途餐廳、咖啡廳很多，適合偶來入門者。

偶來護照印章處

🔵 光令 1 里事務所（광령 1 리사무소）　🔵 龍潭海岸道路 尼爾茉莉東東（용담해안도로 닐모리동동）　🔵
東門圓環 山地川廣場（동문로터리 산지천마당）

📍 起點定位：光令 1 里事務所（광령 1 리사무소）　🏠 濟州市 涯月邑 光令里 1270-1 號，제주시 애월읍 광령리 1270-1（광성로 298-1）　📞 064-748-4485　🚌 搭乘 87、960、970 號巴士在「光令 1 里事務所（광령 1 리사무소）」站下車，步行 30 公尺。

🔳 鄰近景點與店家：梨湖海邊（P40）、龍潭海岸咖啡街、雪心堂（P42）、Nilmori Dong Dong（P43）、金希宣馬尾藻湯（P40）、龍淵（P38）、龍頭岩（P39）、濟州牧官衙／觀德亭（P33）、東門市場（P28）

路線 18　山地川—朝天

| 長　度 | 18.2 公里（6~7 個小時）　|難易度| 中

從東門市場外出發，沿著海岸線到朝天的 18 號偶來，首先會行經可俯瞰整個濟州市區與濟州港的沙羅峰，這裡也以夕陽美景聞名。還有總長約 300 公里的環海長城（환해장성），是高麗時期因軍事目的而建立，從濟州市禾北到西歸浦的溫平、新山，至今仍有 10 處保存完好形態。18 號偶來經過的三陽海邊，與濟州島其他熱門的白沙灘不同，這裡由黑沙灘構成，黑沙具有舒緩神經痛及改善易胖體質的特殊成分，晴天時就成為天然的戶外三溫暖場所。佇立於 18 號偶來小路上的「戀北亭」，因等待從漢陽傳來的好消息，並向遠在北方的王傳達仰慕之情而命名，增添許多浪漫想像。

偶來護照印章處

起 山地川廣場（동문로터리 산지천마당）**中** 三陽黑沙海邊（삼양검은모래해변）**終** 朝天萬歲小山（조천 만세동산）

⌖ 起點定位：CU 濟州東門圓環店 **🏠** 濟州市 一徒 1 洞 1145-16 號、제주시 일도 1 동 1145-16（동문로 8）**☎** 064-722-9777 **🚌** 搭乘 2、3、9、10、28、30、38、43、51、70、90、100、1001 號巴士在「東門圓環（동문로터리）」站下車，步行 20 公尺。
📌 鄰近景點與店家：詩人之家（P89）

路線 18-1　楸子島

| 長　　度 | 18.2 公里（6~8 個小時）
| 難易度 | 高

楸子島偶來小路被我封為所有偶來小路中完成難度之冠！首先光是前往楸子島就要碰運氣，天候不佳、船班停駛就去不成。再則若不留宿，在島上停留不到 6 小時要走完全程 18 公里，其中還有不少登山路段，時程上有些緊張。楸子島周邊島嶼景色優美，且登上楸子燈塔後，四周全然開闊的無人島群、村落、壯麗海景，讓我不斷拍照、走走停停，前進速度實在快不起來，結果最後 5 公里只得直接走車道，加快腳步趕回碼頭，否則差點就要在楸子島待上 1 晚了。18-1 號是我挑戰的最後一條偶來，在連續撲空船班 2、3 天後才終於抵達，又因沿途景色太美而逗留過久，沒全程走完，最後一條偶來小路的體驗更為深刻難忘。

偶來護照印章處

起／終 楸子港（추자항）中 默里超市（묵리슈퍼）

📍 起點定位：楸子島水協（추자도수협）🏠 濟州市 楸子面 大西里 4-9 號，제주시 추자면 대서리 4-9 ☎ 064-742-8193 🚌 從濟州市前往楸子島的交通方式，請參考「楸子島」的介紹（P190）。

 我離開楸子燈塔時沒留意偶來標示，很開心地直接往階梯走下去，後來發現偶來是指引另一條路離開燈塔，請多加留意。另，請自備充飢食物，離開碼頭後毫無店家，且時程較緊湊，可能無餘裕在餐廳享用美食。

路線 19　朝天—金寧

| **長　度** | 18.6 公里（6~8 個小時） | **難易度** | 中 |

19 號偶來沿途能享受到大海、港口船隻、山林、葛扎瓦兒、村莊、田野等景色，一路上翠綠、蔚藍色彩繽紛，自然與人文景色變化萬千，加上路程平坦，雖全程近 19 公里，卻不覺得辛苦。咸德犀牛峰海邊一望無際的沙灘與大海，慢慢登上犀牛峰後，能俯瞰咸德海邊與村莊，遼闊動人。19 號偶來是我參與 3 天偶來慶典的最後一條路線，當天天候不佳，一出發就下小雨，抵達終點時幾乎濕透，但沿途有偶來同好為伴，不斷勉勵自己一定要有頭有尾地全程參與，終於完成在終點站購齊紀念胸章後，真的浮現一絲即將挑戰完全部偶來的成就感！

偶來護照印章處

🔵 朝天萬歲小山（조천 만세동산）　🔵 東福里村里運動場（동복리 마을운동장）　🔵 金寧西碼頭漁民福祉會館（김녕 서포구）

📍 起點定位：朝天萬歲小山（조천 만세동산）🏔 濟州市 朝天邑 朝天里 1142-1 號，제주시 조천읍 조천리 1142-1 📞 064-783-2008 🚌 搭乘 10、20、38、701、981、982、990 號巴士在「朝天萬歲小山（조천 만세동산）」或「朝天體育館（천체육관）」站下車，步行 50 公尺。

📝 鄰近景點與店家：山號 Sanho（P92）

路線 20　金寧─下道

| 長　度 | 17.4 公里（5~6 個小時） | 難易度 | 中

自金寧海邊出發到舊左邑下道里海女博物館的 20 號偶來，是我的第 1 條偶來，首次踏上偶來小路，被沿途美景嚇傻、內心激動不已到想尖叫，感覺特別難忘且深刻。以海洋沿岸景色為主的 20 號偶來，碧綠海景看到飽，也可欣賞田野與富含濟州風味的石牆小徑、村落景色。身為風之島的濟州，從金寧海邊起沿岸錯落許多白色大風車，在藍天、海洋、草原的陪襯下更顯獨特，尤其當走到濟州東海岸最熱門的月汀里海邊時，純粹閒逸的景色讓人忍不住停下腳步望著眼前畫面，什麼都不想的放空。也是從這裡開始，堅定了我想挑戰全部偶來小路的決心。

偶來護照印章處

起 金寧西碼頭漁民福祉會館（김녕 서포구）　**中** 杏源碼頭（행원포구）　**終** 海女博物館（해녀박물관）

📍 起點定位：Gorae Gorae Guesthouse（고래고래게스트하우스）🏠 濟州市 舊左邑 金寧里 4089 號，제주시 구좌읍 김녕리 4089（김녕항 3 길 32-4）📞 010-7141-7373 🚌 搭乘 701、910、990 號巴士在「南屹洞（남흘동）」站下車，步行約 400 公尺。

🚌 鄰近景點與店家：月汀里海邊（P94）、成為鯨魚（P95）、傻瓜（P93）、明珍鮑魚（P96）、日出休息站（P97）、Cafe Mani（P97）、咖啡工作站（P99）、海女博物館（P98）

路線 21　下道—終達

| 長　度 | 10.1 公里（3~4 個小時）
|難易度|中

從下道里到終達里的 21 號偶來，全
程僅 10 公里，除了地尾峰，其餘
都是平坦路面，可輕鬆走完。21 號偶來
小路上有海邊小徑、田野小路、林蔭道，
並會經過有最美海岸公路之譽的終達里—
城山里海岸公路。聳立在終達里入口、標
高 165.8 公尺的地尾峰，上山的階梯步
道雖然有點陡，但路程不長。山頂可同時
環視牛島、城山日出峰、濟州島東海岸、
城山里村落，視野遼闊怡人，這裡也是
《爸爸去哪兒？》金成柱父子攀登過的小
山。

偶來護照印章處

🔵起 海女博物館（해녀박물관）🔵中 海岸道路／石茶園
（해안도로，석다원）🔵終 終達海邊（종달바당）

📍起點定位：海女博物館（해녀박물관）🏠 濟州市 舊左
邑 下道里 3204-1 號，제주시 구좌읍 하도리 3204-1（해
녀박물관길 26）📞 064-782-9898 🚌 搭乘 701、910、
990 號巴士在「海女博物館（해녀박물관）」站下車。

濟州島的住宿選擇多元，從五星級飯店、度假村、旅館，到一晚床位 ₩ 20,000（約 NT600）的 guesthouse 都有，基於飯店、度假村的官網資料較為豐富，以下主要介紹經濟實惠的 guesthouse。濟州島光是 guesthouse 就超過 200 多家，韓國甚至有以此為主題的專書出版，首次找住宿可能會眼花撩亂，不知該選哪家好，首先說明訂房方式。

1. 透過國際訂房網站

對於外國遊客來說，最方便非國際訂房網站莫屬，如 agoda、booking.com，與近來頗受歡迎的 Airbnb、BnBHero，都可依個人偏好設定篩選條件，在自定預算範圍內找到適合住宿。於訂房網站刊登資訊的業主，因為會接觸來自世界各地的旅客，基本上都可用簡單英文溝通，所以不懂韓文也不用太緊張。我最常使用 booking.com，app 版介面好用且資訊詳細。

2. 透過 guesthouse 網站提供的聯絡方式

如官網留言板（需以 Naver 或 Daum ID 登入後進行）、e-mail、電話（可傳簡訊，或請旅遊中心諮詢人員、目前入住民宿職員代為電話洽詢），甚至是 Kakao Talk。除官網留言板，其他訂房方式我都用過。

若旅行時間長且為了保留隨行程決定住宿地點的彈性，我常在出發前只訂好第 1、2 家住宿，後續則以手機簡訊洽詢訂房（使用有韓國門號的 EG Sim 卡，請見 P13 說明），除了不用擔心講破韓文浪費通話費（一則簡訊傳輸費約 ₩ 50），且回覆即時，成為我人在韓國臨時訂房時最常使用的方式。

為避免 guesthouse 職員看到英文會驚慌（曾有職員在我 check-in 時說，如果我寫英文詢問，他可能就會不知道該如何回覆），我盡可能以韓文簡訊聯繫。

韓文簡訊範例如下：

안녕하세요 . 저는 대만사람 입니다 . 한국어를 조금 할 줄 압니다 .
예약가능할까요 ? 감사합니다 !
O 월 OO~OO 일 (O 박) / 여자 1 명 / 도미토리 / 김예뻐 / 010-1234-5678

你好，我是臺灣人，我會一點韓文。請問可以預約嗎？謝謝！
O 月 OO~OO 日 (O 晚) / 女生 1 名 / dormitory / 金漂亮 / 010-1234-5678

訂房需事先匯款怎麼辦？

　　國際訂房網站因為已填寫信用卡資料不需另外匯款，但如果是以 e-mail、電話或手機簡訊等方式訂 guesthouse，訂房作業跟臺灣民宿類似，確認資料後會要求全額匯款才算完成訂房程序，因此就會產生匯款問題。

　　沒有韓國銀行帳戶的外國人有 2 種匯款方式，一是請有韓國銀行帳戶的朋友代勞，二是到 guesthouse 帳戶開立銀行的分行臨櫃無摺存款，我都是使用第 2 種方式。存款單填寫方式跟臺灣差不多（帳號、戶名、存款金額、匯款人姓名／電話），但為全韓文格式，如果怕填錯，可洽詢銀行服務人員，有些親切的行員甚至會直接幫忙填好匯款單。

　　不懂韓文或無法臨櫃匯款者，建議透過國際訂房網較方便，省去與民宿往返聯繫的麻煩。如真的不方便去銀行匯款，可先詢問能否 check-in 時再付款：

체크인 할때 결제 가능합니까 ?
請問可以 check-in 時再付款嗎？

　　目前我洽詢過的 guesthouse 大部分都會答應，但千萬要注意，當與 guesthouse 達成入住再付款的協議後，絕對不要無故不到，不要當一位失格的旅人喔！

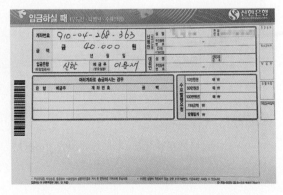

銀行匯款單

入住 guesthouse 必須知道的二三事

- 每晚房價依業者公告為準，接下來介紹的 guesthouse 住宿房價皆為淡季價格，旺季期間的定義與價格，請依業者規定為準。

- guesthouse 基本上多以小而美形態經營，主人或職員不見得隨侍在側，有些在 check-in 時把注意事項交代完就不見人影，有問題需以電話聯繫，所以請勿以飯店隨叫隨到的標準來看待 guesthouse。

- 大部分 guesthouse 都會免費提供早餐（通常為吐司、果醬、咖啡）、WiFi、毛巾、盥洗備品（洗髮精、沐浴乳、牙膏），但有些 guesthouse 會另外收取費用，訂房前請確認清楚。

- 大部分 guesthouse 不論房型皆為共用浴室，如訂雙人房希望有獨立衛浴，請先確認後再訂房。

- 選擇合宿房型（dormitory）請要有包容的胸襟，每位房客的作息和生活習慣不同（早上或晚上洗澡、鬧鐘設定、早起收拾行李準備去機場），如果容易因聲音或燈光干擾睡眠的人，請自備耳塞、眼罩。

- 為了避免打擾早休息的房客，濟州的 guesthouse 幾乎都有一條規定：23:00 熄燈，如果你是夜貓子，建議不要選合宿房型。

- 選擇入住合宿房，通常會不想一直待在房間裡，因此我會留意交誼廳、廚房空間的規畫（能否使用廚房煮泡麵對我很重要），也會詢問是否有洗衣設備，如果有特別在意的小環節，建議訂房前先問清楚。

在濟州停留了近 3 個月，我充分見識到韓國的社交文化。有些 guesthouse 晚上會準備飲料、零食在交誼廳聚會，歡迎房客自由參加。為了打破初見面的尷尬感，參加者會依序簡單的自我介紹：姓名、年齡、來自哪裡、職業等，同年齡或來自同一城市的就會附和回應，迅速拉近了彼此距離，接著就開放亂聊，內容可能是旅途中有趣的事，或分享去過很棒的景點、在濟州獲得什麼感動等。

類似的聚會我參與過幾次，也有同房室友邀請，3 個女孩配著啤酒、咖啡、零食當自己家般閒聊，不過因為語言隔閡（我的韓文還沒到可暢快聊天的程度），我幾乎是陪聊居多，不小心會因為聽不懂而出神放空，又不好意思提前離座，所以後來就不太參加，有時反而與同房室友一對一的短暫聊天更有意思，還可彼此推薦景點。

如果想多與其他旅人交流或認識新朋友，不妨考慮入住 guesthouse，甚至選合宿房。我曾有一次訂房前沒問清楚，意外訂到男女混合合宿房（mix dorm），與室友混合中、英、韓文的對話（加上不時用手機查單字），至今回想仍覺得特別難忘。

住宿區域選擇

如果你是首次或第二次前往濟州，預計停留 5~7 天，建議選擇濟州市區，濟州市外巴士客運站附近、市廳區或中央路商圈，一來是從濟州市外巴士客運站就可前往各大主要景點，另一原因是把寶貴時間花在景點而不要浪費在換宿上。

如果已有 2 次以上的濟州行經驗，就可依行程規畫考慮環島移宿（尤其是想走偶來小路的話），鄰近海邊的住宿真的很棒！可考慮「濟州市→城山→西歸浦市→翰林」的北東南西移動方式，以下介紹的 guesthouse 也以這 4 區為主。但強烈建議不要帶大行李箱，盡量帶登機箱和隨身大背包，否則若遇到要把行李箱扛上幾乎客滿的巴士，當下只有一種不好意思到很想挖地洞鑽進去的想法，因為，我遇過好幾次。

濟州市

Sum Guesthouse

숨 게스트하우스 제주공항점 ❘ ⌂

便利的交通位置是 Sum 的最大優勢，巷子轉個彎對面就是全濟州島搭乘市區巴士、長途客運最繁忙的市外巴士客運站，對想前往各大主要景點的旅客來說，可省掉前往市外巴士客運站的巴士轉乘時間。另外，女性專用的 8 人合宿房外設有梳妝空間 powder room，使用吹風機、梳妝時不會干擾到他人。

🏠 濟州市 龍潭 1 洞 2829-1 號（西光路 5 街 2-2 號）제주시 용담 1 동 2829-1（서광로 5 길 2-2）🚌 從濟州機場 2 號出口搭乘 100 號巴士，在「市外巴士客運站（시외버스터미널）」站下車，步行 100 公尺；如搭乘計程車前往，車程約 10 分鐘，車資約₩ 5,000。🕐 check-in 15:00~23:00 check-out 11:00 前 $ 4 人房₩ 90,000、雙人房₩ 50,000、6／8 人 Dorm ₩ 20,000 🛁 WiFi、早餐（08:00~10:00）、洗衣機 🔑 可透過 Agoda、Booking.com 訂房 ☎ 070-8810-0106（09:00~22:00）@ jeju.sumhostel.com（韓、英）

Slow Terminal Guesthouse

슬로우터미널 게스트하우스 ❘ ⌂

一樣交通便利的 Slow Terminal，位在濟州市外巴士客運站旁，和比較企業化經營的 Sum 相比，Slow Terminal 的空間規畫與個性擺飾顯示出 guesthouse 主人的喜好。寬敞休閒廳方便房客互動交流，也能一個人在舒適角落閱讀、書寫，是我很喜歡的 guesthouse。如果要說缺點，大概就是位在無電梯的 4 樓，讓我得在冬天氣喘吁吁地扛著 30 吋行李箱上樓⋯⋯

🏠 濟州市 三徒 1 洞 560 號 4 樓（西光路 184 號）제주시 삼도 1 동 560 4 층（서광 184）🚌 從濟州機場 2 號出口搭乘 100 號巴士，在「市外巴士客運站（시외버스터미널）」站下車，步行 100 公尺；如搭乘計程車前往，車程約 10 分鐘，車資約₩ 5,000。🕐 check-in 16:00~21:00 check-out 11:00 前 $ 雙人房₩ 55,000、4／8 人 Dorm ₩ 23,000／22,000 🛁 WiFi、早餐（07:30~09:00）🔑 可透過 Airbnb 訂房 ☎ 010-2183-8611 @ www.slowhouse.co.kr（韓）

Hostel Lyndon

호스텔 린든 ㅣ🏠

林登交通位置便利、房型多樣，是許多旅客的熱門住宿選擇。這是我在濟州待的第一家 guesthouse，步行 5 分鐘就是可吃可逛的大學路商圈，離市外巴士客運站也僅 10 分鐘路程。

🏠 濟州市 二徒 2 洞 1781-5 號 6 樓（西光路 278 號）제주시 이도 2 동 1781-5 6 층（서광로 278）🚌 從濟州機場 2 號出口搭乘 100 號巴士，在「耽羅殘障人綜合福祉館（탐라장애인종합복지관）」站下車後，步行 30 公尺；搭乘計程車前往，車資約₩ 6,000。🎵 check-in 14:00~22:00、check-out 11:00 前 💲 雙人房₩ 60,000、單人房₩ 40,000、6 人 Dorm ₩ 19,000（房間附廁所）🏠 WiFi、早餐（07:00~10:00）、洗衣機（烘衣₩ 3,000）🔑可透過官網、Agoda、Booking.com、Hostelworld 訂房。📞 064-756-5506（07:30~22:30）@ www.hostellyndon.com（韓、英、簡中）

Rainbow in Jeju Guesthouse

레인보우 인 제주 게스트하우스 ㅣ🏠

臨近三姓穴、民俗自然史博物館、麵條文化街，離大學路商圈 10 分鐘腳程的 Rainbow in Jeju，公共空間明亮、舒適，在在都是吸引我再入住的誘因。可以到 1 樓客廳認識新朋友，或獨自清靜地看書、整理行程，2 樓閱讀區的靠窗位置，是我在睡覺之外最常待的角落。

🏠 濟州市 二徒 1 洞 1289-20 號（光陽 1 街 6 號）제주시 이도 1 동 1289-20（광양 1 길 6）🚌 從濟州機場 2 號出口搭乘 100 號巴士，在「光陽（광양）」站下車；或搭乘 500 號巴士，在「三姓初等學校（삼성초등학교）」站下車，步行約 200 公尺；如搭乘計程車前往，車資約₩ 7,000。🎵 check-in 16:00 後、check-out 11:00 前 💲 雙人房₩ 60,000、4／6 人 Dorm ₩ 22,000／20,000（房間附廁所）🏠 WiFi、早餐（07:00~10:00）、洗衣機（18:00~21:00，烘衣₩ 3,000）🔑可透過 Booking.com、Hostelworld 訂房 📞 070-7635-0075（08:00~23:00）@ www.rainbowjeju.com（韓）

Visitor Guesthouse

비지터 게스트하우스 ｜🏠

Visitor 位於東門市場商圈，其位置除了具搭乘大眾交通工具的優越性，且臨近中央地下街、濟州牧官衙、黑豬肉一條街、西碼頭生魚片街、塔洞海邊，以及龍淵、龍頭岩，無論吃美食、購物或遊覽古蹟、欣賞海景都相當方便，可安排 1 天在此區愜意慢遊、大啖美食，最後再去市場買柑橘或糖餡餅回宿舍，好好享受悠閒的一天！

🏠濟州市 二徒 1 洞 1349-24 號（五賢街 85 號）제주시 이도 1 동 1349-24（오현길 85）🚌 從濟州機場 2 號出口搭乘 100 號或 500 號巴士，在「中央路十字路口（중앙로사거리）」站下車後，步行約 50 公尺；如搭乘計程車前往，車資約₩ 5,000。🕐 check-in 16:00~22:00 check-out 11:00 前 $雙人房₩ 60,000、單人房₩ 35,000、4 ／ 6 人 Dorm ₩ 25,000 ／ 22,000 📶 WiFi。洗衣（含烘乾）₩ 3,000。2015 年 12 月起不供應早餐。🔑 透過官網 reservation page 或電洽，住宿資料確認後於 1 日內匯款以完成訂房作業。📞 [D]064-755-4860、[N]010-2251-5228（09:30~22:00）@ blog.naver.com/hellovisitor（韓）

Green Day Guesthouse

그린데이 게스트하우스 ｜🏠

距離中央路商圈 700 多公尺、前往濟州市外巴士客運站約 10 分鐘車程的 Green Day，硬體設備不算新穎，但住宿價位平易近人、有如住在家裡的自在感，成為我在濟州島停留最多晚的 guesthouse，加上早上 7 點就開始供應豐盛早餐，讓需要一早前往市外巴士客運站搭乘特定班次開始行程的我，可以吃飽後再從容出門趕車。

🏠濟州市 三徒 2 洞 251-9 號（南星路 158-3 號）제주시 삼도 2 동 251-9（남성로 158-3）🚌 從濟州機場 2 號出口搭乘 500 號巴士，在「市民會館（시민회관）」站下車後，步行約 200 公尺；如搭乘計程車前往，車資約₩ 7,000。🕐 check-in 15:00 以後、check-out 11:00 前 $ 雙人房₩ 40,000、單人房₩ 25,000、6 人 Dorm ₩ 18,000 📶 WiFi、早餐（07:00~10:00）、洗衣機（15:00~20:00，烘衣₩ 3,000）🔑可透過官網或 Agoda、Booking.com、Hostelworld 訂房。📞 070-7840-2533 @ greendayguesthouse.blogspot.kr（英）

Maro Hostel

마로호스텔 ｜ 🏠

Maro Hostel 於 2015 年 5 月開幕，改建自老公寓，工業風挑高大廳簡約富有個性，Hostel 主人夫婦就住在 1 樓休閒廳旁，會以簡單英文親切交流。Maro 僅需 10 分鐘車程就可抵達中央路或大學路商圈，走出巷口就可搭乘 701、710、720、730 號等市外巴士前往東海岸與許多熱門景點。其最深得我心的當屬附有私人浴室、壁掛式電視、吹風機的單人房，是我最近濟州行住宿首選。

🏠 濟州市 一徒 2 洞 356 號（東光路 21 街 5 號）제주시 일도 2 동 356（동광로 21 길 5）🚌 從濟州機場 2 號出口搭乘 70 或 100 號巴士，在「仁和洞（인화동）」或「天壽洞（천수동）」站下車後，步行約 300 公尺；如搭計程車前往，車程約 15 分鐘，車資約 ₩ 7,000。🕐 check-in 15:00~23:00 check-out 11:00 前 💲 雙床房 ₩ 55,000、雙人房 ₩ 50,000、單人房 ₩ 35,000 🛏 WiFi、早餐（08:00~10:30）、洗衣機 📍可透過 Agoda、Booking.com、Hostelworld 訂房。☎ 064-722-3560 @ maroinjeju.modoo.at（韓）

Mir Guesthouse

미르게스트하우스 ｜ 🏠

Mir Guesthouse 距龍頭岩、龍淵約 500 公尺，特殊建築外觀讓人忍不住多瞧幾眼，加上可透過國際訂房網站預訂，吸引不少外國遊客入住。老闆說，Mir 外觀設計概念來自「龍」，大量引進自然光線的簡約室內空間，相當寬敞舒服。有機會入住時，不妨爬上屋頂延伸出的龍頭觀景平臺，看看周邊風景吧。

🏠 濟州市 龍潭 2 洞 603-30 號（龍潭路 7 街 4 號）제주시 용담 2 동 603-30（용담로 7 길 4）🚌 如從濟州機場出發，建議直接搭乘計程車前往，車程約 10 分鐘，車資約 ₩ 6,000。另，行經最近巴士站的 7、17 號巴士班距不是很密集，建議步行約 1 公里到「龍潭十字路口（용담사거리）」站，有較多巴士路線。🕐 check-in 16:00~22:00 後、check-out 10:00 前 💲 2／3 人房 ₩ 63,000~90,000、4 人房 ₩ 108,000、4 人 Dorm ₩ 27,000 🛏 WiFi、早餐（08:00~09:00）可透過 Agoda、Booking.com、Hostelworld 訂房 ☎ 064-900-2561 @ mirguesthouse.com（韓）

西歸浦市

位在西歸浦市中心的 Slow Citi、Backpacker's Home，以及 2015 年新開幕的 Mido Hostel，因為交通位置便利，加上鄰近李仲燮街、西歸浦市場與中正路購物商圈等西歸浦市中心熱門景點，成為許多遊客選擇入住西歸浦市的熱門選項。位在「好吃一條街」上的 Slow Citi，步行 200 公尺就是可搭乘 701、780 號巴士的「西歸浦市舊市外巴士客運站（서귀포시구시외버스터미널）」，與西歸浦市最大巴士轉乘區的「中央圓環站（중앙로터리）」，優越的地理位置是西歸浦市區 guesthouse 的推薦選擇。

Slow Citi Guesthouse
슬로시티 게스트하우스　|　🏠

🏠 西歸浦市 西歸洞 307-3 號（天地路 33 號）서귀포시 서귀동 307-3（천지로 33）🚌 從濟州機場 5 號出口搭乘 600 號巴士，在「新慶南飯店（뉴경남호텔）」站下車後步行 800 公尺，巴士車程約 1 小時；搭乘 701、781、782 號巴士於「舊客運站（구터미널）」站下車，步行 100 公尺 🕐 check-in 14:00~22:00、check-out 10:00 前 💲 雙人房 ₩ 47,000~52,000、4／6 人 Dorm ₩ 22,000／19,000（6 人房是 mix dorm）🛏 WiFi、早餐（08:00~09:00）、洗衣機 🔑 可透過 Agoda、Booking.com 訂房，或利用電話、Kakao（slowciti）洽詢。📞 064-732-1286（09:00~20:00）、010-2706-1288 @ blog.naver.com/slowciti（韓）

Mido Hostel

미도호스텔 ┃ 🏠

🏠 西歸浦市 西歸洞 258-2 號（東門東路 13-1 號）서귀포시 서귀동 258-2（동문동로 13-1）
🚌 從濟州機場 5 號出口搭乘 600 號巴士，在「新慶南飯店（뉴경남호텔）」站下車後步行 1 公里，巴士車程約 1 小時。搭乘 701、781、782 號巴士於「舊客運站（구터미널）」站下車，步行 700 公尺。🕐 check-in 15:00~23:00、check-out 11:00 前 $ 3 人房 ₩ 80,000~85,000、雙人房 ₩ 60,000、女生 4／6／8 人 Dorm ₩ 24,000／22,000／20,000、男生 6 人 Dorm ₩ 22,000、12 人 Mixed Dorm ₩ 17,000 🛏 WiFi、早餐（07:30~09:00）、洗衣機 🔑 可透過官網、Agoda、Booking.com、Hostelworld 訂房。 ☎ [D]010-5762-7627、[N]064-762-7627（09:00~23:00）@ www.midohostel.com（韓、英）

Backpacker's Home

백패커스홈 ┃ 🏠

🏠 西歸浦市 西歸洞 315-2 號（中正路 24 號）서귀포시 서귀동 315-2（중정로 24）🚌 從濟州機場 5 號出口搭乘 600 號巴士，在「新慶南飯店（뉴경남호텔）」站下車後步行 300 公尺，巴士車程約 50 分鐘。🕐 check-in 14:00~22:00、check-out 10:00 前 $ 4／6 人 Dorm ₩ 24,000／20,000 🛏 WiFi、早餐（07:00~09:00）。洗衣 ₩ 3,000／次 🔑 可透過 Agoda、Booking.com 訂房 ☎ 064-763-4000 @ www.backhomejeju.com（韓、英、日、簡中）

東海岸

Slow Trip Guesthouse
슬로우트립 게스트하우스 | 🏠

Slow Trip 一如其名，一踏進就有慢活之舒適感，空間雖不大，但善用角落布置出溫馨氛圍，閣樓休閒區可或坐或趴或躺，相當自在。從 Slow Trip 散步 20 分鐘就能抵達吾照海女之家大啖鮑魚粥，或至大海之家享用海膽拌麵，也可搭乘巴士前往城山港碼頭搭船去牛島，或濟州最熱門之城山日出峰、涉地可支，如果不想一直走路，也提供腳踏車租借服務。

🏠 西歸浦市 城山邑 吾照里 741 號（吾照路 85 號街 4 號）서귀포시 성산읍 오조리 741（오조로 85 번길 4）🚌 從濟州市外巴士客運站（제주시외버스터미널）搭乘 701 號巴士，在「吾照里上洞入口（오조리상동입구）」站下車後，步行 400 多公尺，巴士車程約 60 分鐘。🕐 check-in 17:00~22:00、check-out 10:00 前 💲 雙人房₩ 50,000、4 人 Dorm ₩ 20,000 🔌 WiFi、洗衣機（早餐₩ 5,000~6,000，08:30~10:00 供應）🔑 可透過 Agoda、Booking.com 訂房 📞 010-3301-8793（09:00~21:00）@ slowtrip.kr（韓）

便當 Dosirak Guesthouse

도시락 게스트하우스 ｜ 🏠

<big>想</big>步行前往城山日出峰或廣峙其海邊欣賞日出，距離城山日出峰入口僅 300 多公尺的便當 Guesthouse 是不錯選擇，除了寬敞休閒廳方便大家交流，通往房間的走廊有一排漫畫，是消磨睡前休閒時光的好夥伴。最特別的是，這裡的早餐真如其名，提供鐵盒便當與味噌湯，讓房客開啟美好的一天！不過目前尚無法透過訂房網站訂房，建議請人代為洽詢訂房。

🏠 西歸浦市 城山邑 城山里 196-2 號（城山中央路 48 號）서귀포시 성산읍 성산리 196-2（성산중앙로 48）🚌 在濟州市外巴士客運站搭乘 710 號客運，在「日出峰入口（일출봉입구）」站下車，步行約 100 公尺，巴士車程約 60 分鐘。🕐 check-in 15:00 後、check-out 10:30 前 💲 雙人房 ₩ 55,000~60,000、4／6 人 Dorm ₩ 20,000 🛜 WiFi、早餐（08:00~09:30）、洗衣機 🔑 透過網站留言板或電話洽詢，資料確認後於 1 日內匯款以完成訂房作業。📞 010-4095-2525、010-7123-1698 @ cafe.naver.com/dosiraktour（韓）

普通 Guesthouse

게스트하우스 보통 ｜ 🏠

<big>在</big>Airbnb 第一次看到普通時，濟州在地的韓屋樣式打動了我。保留韓屋樣貌、庭院與舊式家具，彷彿到當地人家作客，加上臨近南園為美港，住處抱擁廣闊大海景致，環境清幽。這一帶聚集了幾家餐廳、咖啡廳與 guesthouse，不怕沒地方用餐，且距離西歸浦市區僅 20 分鐘巴士車程，成為想稍微遠離市區喧囂的好選擇。

🏠 西歸浦市 南園邑 新禮里 70-1 號（公倉浦路 47-1 號）서귀포시 남원읍 신례리 70-1（공천포로 47-1）🚌 搭乘 701、730、730-1 號巴士，在「公倉浦（공천포）」站下車後，直走約 300 公尺。🕐 check-in 16:00~21:30，check-out 10:30 前 💲 暖炕房（구들방）₩ 50,000、固定房（붙박이방）₩ 45,000、普通房（보통방）₩ 30,000 🛜 WiFi、洗衣機。無供應早餐，可至隔壁的 Rumba（08:00~11:00）用餐：雞蛋咖哩飯（계란이 올라간 카레）₩ 5,000、雞肉粥（제주산 닭죽 한그릇）₩ 3,000 🔑 可透過 Airbnb 訂房 📞 [N]010-5913-4445、[D]070-4258-4445 @ blog.naver.com/jejubotton

西海岸

位居濟州島西海岸中心翰林的 Gag House 和 Jjolkit，交通便利、生活機能方便，可漫步廣受遊客喜愛的挾才海邊、金陵海邊，前往翰林公園、翰林港（搭船前往飛揚島，也是偶來小路 15 號起點處）也很方便，是濟州市、西歸浦市區之外的熱門選擇。

　　Gag House 和 Jjolkit 除了位置相近，且都能透過客廳的面海窗遠眺飛揚島，也有大面書牆包圍，讓房客舒適自在的窩在角落看海放空，或與好友聊天。這 2 家 guesthouse 的美好實在讓人難以抉擇！不過缺點也一致：目前暫時無法透過英文訂房網站訂房，需請人代為電話洽詢。

Jjolkit Center

쫄깃쎈타 | 🏠

🏠 濟州市 翰林邑 挾才里 1689-1 號（挾才 1 街 27 號）제주시 한림읍 협재리 1689-1（협재 1 길 27）🚌 在濟州市外巴士客運站搭乘 702、950、960 號客運，在「挾才里（협재리）」站下車後，直走約 100 公尺，巴士車程約 60 分鐘。🕐 check-in 14:00~22:00、check-out 10:00 前 💲 雙人房₩ 50,000、6 ／ 8 人 Dorm ₩ 20,000 🛏 WiFi、早餐（08:00~09:00）、洗衣（房客衣服集中後一起洗）🔑 透過網站裡的 google docs 填寫資料，住宿資料確認後於 1 日內匯款以完成訂房作業。📞 010-3230-1689（09:00~20:00）@ www.jjolkit.com（韓）

Gag House

객의 하우스 ｜ 🏠

🏠 濟州市 翰林邑 挾才里 1893（翰林路 381-3 號）제주시 한림읍 협재리 1893（한림로 381-3）🚌 請參考「Jjolkit Center」🕐 check-in 16:00~22:00、check-out 10:30 前 💲 雙人房 ₩ 60,000、4／6 人 Dorm ₩ 20,000 🛁 WiFi、早餐（08:00~09:00）、洗衣（19:00 集中統一洗）🔑 透過網站留言板或電話洽詢，住宿資料確認後於 1 日內匯款以完成訂房作業。📞 010-3013-3414
@ cafe.naver.com/gaghouseinjeju（韓）

Island 和 Lucid bonbon 都位在濟州島西南的大靜，距摹瑟浦港（前往馬羅島、加波島乘船處）、偶來小路 11 號起點處的巴士車程僅 10 分鐘，前往松岳山、龍頭海岸、山房山、偶來小路 12 號起點處也十分方便。Lucid bonbon 是我濟州單車環島的第一晚住宿處，而 Island 別具巧思的空間布置、可愛小物讓我流連忘返，早餐的麵包是來自馬來西亞、喜歡旅行的女主人 Ailing 親自手做，扎實又美味。

Lucid bonbon Guesthouse

루시드봉봉 게스트하우스 ｜ 🏠

🏠 西歸浦市 大靜邑 上摹里 2641-1 號（上摹路 200-8 號）서귀포시 대정읍 상모리 2641-1（상모로 200-8）🚌 從濟州市外巴士客運站（제주시외버스터미널）搭乘 755 或 750-3 號巴士，在「大靜高等學校（대정고등학교）」站下車後步行約 1.4 公里，巴士車程約 70 分鐘；或搭乘 702 號巴士於「伊橋洞（이교동）」站下車，步行約 100 公尺。🕐 check-in 16:00~21:30、check-out 10:00 前 💲 雙人房 ₩ 50,000、4 人 Dorm ₩ 20,000 📶 WiFi。早餐 ₩ 2,000（08:00~09:00）🔑 以網站留言版或手機簡訊洽詢，住宿資料確認後於 1 日內匯款以完成訂房作業。📞 010-3580-3089 @ lucidbonbon.com（韓）

Island Guesthouse

아이랜드 게스트하우스 ㅣ 🏠

🏠 西歸浦市 大靜邑 寶城里 1612-4 號（寶城下路 12-5 號）서귀포시 대정읍 보성리 1612-4（보성하로 12-5）🚌 從濟州市外巴士客運站（제주시외버스터미널）搭乘 755 或 750-3 號巴士，在「寶城里（보성리）」站下車後，步行約 400 公尺；或搭乘 702、750-2、750-3 號巴士，在「仁城里（인성리）」站下車後，步行約 400 公尺。巴士車程約 70 分鐘。🎵 check-in 12:00~20:00、check-out 10:00 前 💲 雙人房 ₩ 60,000、4 ／ 8 人 Dorm ₩ 25,000 🔧 WiFi、早餐（洗衣機使用 2,500 🔑 以 e-mail（islandgh@gmail.com）或電話洽詢。📞 070-7096-3899（10:00~20:00）@ www.islandguesthouse.kr（韓、英）

全書景點索引

- 以下為全書景點索引表，主要依地緣關係整理，分別以白底、灰底色交錯標示，同一底色區塊者，為實際步行可到的鄰近地區，方便做為將順路行程安排在一起的參考。
- 於 Daum Map、Naver Map 搜尋列輸入該點完整之電話號碼（可不加「-」）即可進行定位。有標示 [D]、[N] 者，即為建議分別利用 Daum Map ／ Naver Map 進行地圖定位。
- 請參考韓文名稱與地址，比對定位搜尋結果，並利用頁碼欄資訊翻到該頁，進一步了解該景點、店家之相關資訊。

分區	類	名稱	地址	電話	頁碼	備註
	行	濟州國際機場 제주국제공항	濟州市 龍潭 2 洞 2002（空港路 2） 제주시 용담 2 동 2002（공항로 2）	1661-2626	11	
	逛	濟州民俗五日市場 제주민속오일시장	濟州市 道頭 1 洞 1212（五日市場西街 26） 제주시 도두 1 동 1212（오일장서길 26）	064-743-5985	58	開場日： 2、7
	行	濟州市外巴士客運站 제주시외버스터미널	濟州市 吾羅 1 洞 2441-1（西光路 174） 제주시 오라 1 동 2441-1（서광로 174）	064-753-1153	18	
	餐	玄玉食堂 현옥식당	濟州市 吾羅 1 洞 2445-2（西光路 2 街 35） 제주시 오라 1 동 2445-2（서광로 2 길 35）	064-757-3439	44	
	餐	茶談 다담	濟州市 吾羅 1 洞 2444-2（西光路 2 街 11-18） 제주시 오라 1 동 2444-2（서광로 2 길 11-18）	064-753-2843	45	
	住	Sum 숨	濟州市 龍潭 1 洞 2829-1（西光路 5 街 2-2） 제주시 용담 1 동 2829-1（서광로 5 길 2-2）	070-8810-0106	242	
	住	Slow Terminal 슬로우터미널	濟州市 三徒 1 洞 560 4 樓（西光路 184） 제주시 삼도 1 동 560 4 층（서광로 184）	010-2183-8611	242	
	餐	大宇亭 대우정	濟州市 三徒 1 洞 569-27（西沙路 152） 제주시 삼도 1 동 569-27（서사로 152）	064-757-9662	45	
	景	濟州綜合競技場 제주종합경기장	濟州市 吾羅 1 洞 1137（西光路 2 街 24） 제주시 오라 1 동 1137（서광로 2 길 24）	064-728-3271	195	櫻花季
	住	Hostel Lyndon 호스텔 린든	濟州市 二徒 2 洞 1781-5 6 樓（西光路 278） 제주시 이도 2 동 1781-5 6 층（서광로 278）	064-756-5506	243	
	餐	大學路古典辣炒年糕 대학로고전떡볶이	濟州市 二徒 2 洞 1185-3（光陽 14 街 3） 제주시 이도 2 동 1185-3（광양 14 길 3）	064-722-2292	46	大學路 商圈
濟州市	餐	向日葵麵食 해바라기분식	濟州市 二徒 2 洞 1773-19（中央路 214） 제주시 이도 2 동 1773-19（중앙로 214）	064-753-2554	46	大學路 商圈
	飲	Cafe Mori 까페모리	濟州市 二徒 2 洞 1186-21 2 樓（西光路 32 街 39） 제주시 이도 2 동 1186-21 2 층（서광로 32 길 39）	064-757-7004	47	大學路 商圈
	飲	Le Coin 르꼬앙	濟州市 二徒 2 洞 1186-15（西光路 32 街 37） 제주시 이도 2 동 1186-15（서광로 32 길 37）	[D] 010-5555-2099	47	大學路 商圈
	景	濟州牧官衙 제주목관아	濟州市 三徒 2 洞 30-1（觀德路 7 街 13） 제주시 삼도 2 동 30-1（관덕로 7 길 13）	064-728-8665	33	
	逛	東門傳統市場 동문재래시장	濟州市 二徒 1 洞 1436-7（東光路 14 街 20） 제주시 이도 1 동 1436-7（관덕로 14 길 20）	064-752-3001	28	
	餐	胡同食堂 골목식당	濟州市 二徒 1 洞 1347-1（中央路 63-9） 제주시 이도 1 동 1347-1（중앙로 63-9）	064-757-4890	29	東門 市場
	餐	東海水產魚中心 동해수산회센타	濟州市 一徒 1 洞 1103（東門路 4 街 9） 제주시 일도 1 동 1103（동문로 4 길 9）	064-755-4745	29	東門 市場
	住	Visitor 비지터	濟州市 二徒 1 洞 1349-24（五賢街 85） 제주시 이도 1 동 1349-24（오현길 85）	[D] 064-755-4860 [N] 010-2251-5228	244	中央路 商圈
	逛	中央地下商街 중앙지하상가	濟州市 一徒 1 洞 1425-3（中央路 60） 제주시 일도 1 동 1425-3（중앙로 60）	064-752-8776	30	中央路 商圈
	餐	開苑飯店 개원반점	濟州市 一徒 1 洞 1352（觀德路 13 街 8-2） 제주시 일도 1 동 1352（관덕로 13 길 8-2）	064-753-1485	31	中央路 商圈
	逛	The Islander 더 아일랜더	濟州市 一徒 1 洞 1217（七星路街 41） 제주시 일도 1 동 1217（칠성로길 41）	010-8971-5562	31	七星路 購物街
	逛	Like It 라이킷	濟州市 一徒 1 洞 1215（七星路街 42-2） 제주시 일도 1 동 1215（칠성로길 42-2）	010-3325-8796	31	七星路 購物街

分區	類	名稱	地址	電話	頁碼	備註
濟州市	餐	Eo Ma Jang Jang 海鮮砂鍋 어마장장해물뚝배기	濟州市 一徒 2 洞 1046-11 (三姓路 39) 제주시 일도 2 동 1046-11 (삼성로 39)	[D] 064-751-6464 [N] 010-8660-6848	51	麵條 文化街
	住	Rainbow in Jeju 레인보우 인 제주	濟州市 二徒 1 洞 1289-20 (光陽 1 街 6) 제주시 이도 1 동 1289-20 (광양 1 길 6)	070-7635-0075	243	
	餐	甘草食堂 감초식당	濟州市 二徒 1 洞 1289-5 (東光路 1 街 32) 제주시 이도 1 동 1289-5 (동광로 1 길 32)	064-753-7462	51	
	餐	Kochnische 小廚房 코크니셰	濟州市 三徒 2 洞 594-19 (典農路 75-1) 제주시 삼도 2 동 594-19 (전농로 75-1)	[D] 064-901-1180	52	典農路 櫻花
	餐	Bon Bon 辣燉海鮮 봉봉해물찜	濟州市 一徒 2 洞 1958-5 (新設路 9 街 26-12) 제주시 이도 2 동 1958-5 (신설로 9 길 26-12)	064-723-8805 064-721-0808	55	定位時請同 時比對地址
	景	濟州市農協 新濟州市店 제주시농협 신제주지점	濟州市 蓮洞 272-2 (三無路 36) 제주시 연동 272-2 (삼무로 36)	064-746-0231	56	寶健路行 人徒步街
	餐	偶來麵館 올래국수	濟州市 蓮洞 261-16 (濟原街 17) 제주시 연동 261-16 (제원길 17)	064-742-7355	56	
	餐	三姓穴海鮮湯 삼성혈해물탕	濟州市 蓮洞 312-27 (善德路 5 街 20) 제주시 연동 312-27 (선덕로 5 길 20)	064-745-3000	55	
	餐	有利家 유리네	濟州市 蓮洞 427-1 (蓮北路 146) 제주시 연동 427-1 (연북로 146)	064-748-0890	57	
	逛	emart 新濟州店 이마트 신제주점	濟州市 老衡洞 919 (1100 路 3348) 제주시 노형동 919 (1100 로 3348)	064-798-1234	41	
	餐	豚舍豚 돈사돈	濟州市 老衡洞 3086-3 제주시 노형동 3086-3 (우평로 19)	064-746-8989	57	
	景	濟州大學 제주대학교	濟州市 我羅 1 洞 1 (濟州大學路 102) 제주시 아라 1 동 1 (제주대학로 102)	064-754-2114	196	櫻花季
	景	Nexon 電腦博物館 넥슨컴퓨터박물관	濟州市 老衡洞 86 (1100 路 3198-8) 제주시 노형동 86 (1100 로 3198-8)	064-745-1994	60	
	景	漢拏樹木園 한라수목원	濟州市 蓮洞 1000 (樹木園街 72) 제주시 연동 1000 (수목원길 72)	064-710-7575	61	
	景	濟州道立美術館 제주도립미술관	濟州市 蓮洞 680-7 (1100 路 2894-78) 제주시 연동 680-7 (1100 로 2894-78)	064-710-4300	62	
	景	神祕的道路 신비의도로	濟州市 老衡洞 291-16 (1100 路 2894-63) 제주시 노형동 291-16 (1100 로 2894-63)	[D] 064-710-3312 [N] 064-728-2114	63	
西歸浦市	行	西歸浦市外巴士客運站 서귀포 시외버스터미널	西歸浦市 法環洞 843 (一週東路 9217) 서귀포시 법환동 843 (일주동로 9217)	[D] 064-739-4645	18	
	逛	emart 西歸浦店 이마트 서귀포점	西歸浦市 法還洞 841-2 (一周東路 9209) 서귀포시 법환동 841-2 (일주동로 9209)	064-797-1234	41	
	行	NH 農協銀行 NH 농협은행	西歸浦市 西歸洞 299-1 (西門路 1) 서귀포시 서귀동 299-1 (서문로 1)	064-762-5001	18	舊客運站、 中央路圓環
	住	Slow Citi 슬로시티	西歸浦市 西歸洞 307-3 (天地路 33) 서귀포시 서귀동 307-3 (천지로 33)	064-732-1286 010-2706-1288	246	
	餐	龍二食堂 용이식당	西歸浦市 西歸洞 298-8 (中央路 79 號街 12) 서귀포시 서귀동 298-8 (중앙로 79 번길 12)	064-732-7892	67	好吃一條街
	景	西歸浦每日偶來市場 서귀포매일올레시장	西歸浦市 西歸洞 277-1 (中央路 62 號街 18) 서귀포시 서귀동 277-1 (중앙로 62 번길 18)	064-762-1949	66	
	景	李仲燮美術館 이중섭 미술관	西歸浦市 西歸洞 532-1 (李仲燮路 27-3) 서귀포시 서귀동 532-1 (이중섭로 27-3)	064-760-3567	68	
	飲	針咖啡 바농카페	西歸浦市 西歸洞 528-5 (李仲燮路 19) 서귀포시 서귀동 528-5 (이중섭로 19)	064-763-7703	69	李仲燮街

分區	類	名稱	地址	電話	頁碼	備註
西歸浦市	餐	德盛園 덕성원	西歸浦市 西歸洞 474（太坪路 401 號街 4） 서귀포시 서귀동 474（태평로 401 번길 4）	064-762-2402	70	
	住	Mido Hostel 미도호스텔	西歸浦市 西歸洞 258-2（東門東路 13-1） 서귀포시 서귀동 258-2（동문동로 13-1）	[D] 010-5762-7627 [N] 064-762-7627	247	
	行	濟州偶來西歸浦辦公室 제주올레	西歸浦市 西歸洞 252-29 2 樓（中洞路 74） 서귀포시 서귀동 252-29 2 층（중동로 74）	064-762-2190	211	
	餐	參寶食堂 삼보식당	西歸浦市 天地洞 319-8（中正路 25） 서귀포시 천지동 319-8（중정로 25）	064-762-3620	70	
	住	Backpacker's Home 백패커스홈	西歸浦市 西歸洞 315-2（中正路 24） 서귀포시 서귀동 315-2（중정로 24）	064-763-4000	247	
	餐	真珠食堂 진주식당	西歸浦市 西歸洞 314-7（太坪路 353） 서귀포시 서귀동 314-7（태평로 353）	064-762-5158	70	
	景	天地淵瀑布 천지연폭포	西歸浦市 天地洞 666-1 서귀포시 천지동 666-1	064-733-1528 064-760-6304	71	
	景	西歸浦潛艇 서귀포잠수함	西歸浦市 西烘洞 707-5（南城中路 40） 서귀포시 서홍동 707-5（남성중로 40）	064-732-6060	72	鳥島、 新綠橋
	景	獨立岩 외돌개	西歸浦市 西烘洞 791 서귀포시 서홍동 791	064-760-3033	72	
	景	正房瀑布 정방폭포	西歸浦市 東烘洞 278（七十里路 214 號街 37） 서귀포시 동홍동 278（칠십리로 214 번길 37）	064-733-1530 064-760-6341	73	
	景	牛沼河口 쇠소깍	西歸浦市 下孝洞 140（孝敦路 170） 서귀포시 하효동 140（효돈로 170）	064-732-1562	74	
	逛	西歸浦鄉土五日市場 서귀포향토오일시장	西歸浦市 東興洞 779-1（中山間東路 7894 號街 18-5） 서귀포시 동흥동 779-1（중산간동로 7894 번길 18-5）	064-763-0965	59	開場日： 4、9
	餐	御真家海鮮 어진이네횟집	西歸浦市 甫木洞 274-1（甫木浦路 84） 서귀포시 보목동 274-1（보목포로 84）	064-732-7442	75	
中文觀光園區	景	中文洞居民中心 중문동주민센터	西歸浦市 中文洞 1864-1（天帝淵路 281） 서귀포시 중문동 1864-1（천제연로 281）	064-738-1541	197	櫻花季
	餐	伽藍石鍋拌飯 가람돌솥밥	西歸浦市 大浦洞 747-3（中文觀光路 332） 서귀포시 대포동 747-3（중문관광로 332）	064-738-1200	79	
	餐	中文海螺刀削麵 중문수두리보말칼국수	西歸浦市 中文洞 2056-4（天帝淵路 190） 서귀포시 중문동 2056-4（천제연로 190）	064-739-1070	79	
	景	天帝淵瀑布 천제연폭포	西歸浦市 穡達洞 3381-1（穡達路 189 號街 27） 서귀포시 색달동 3381-1（색달로 189 번길 27）	064-760-6331	78	
	景	如美地植物園 여미지식물원	西歸浦市 穡達洞 2484-1（中文觀光路 93） 서귀포시 색달동 2484-1（중문관광로 93）	064-735-1100	84	
	景	Play K-POP 博物館 플레이케이팝 박물관	西歸浦市 穡達洞 2864-36（中文觀光路 110 號街 15） 서귀포시 색달동 2864-36（중문관광로 110 번길 15）	064-780-9000	80	
	景	大浦海岸柱狀節理帶 대포해안 주상절리대	西歸浦市 中文洞 2767 서귀포시 중문동 2767	064-738-1521	82	
	逛	濟州國際平和中心 제주국제컨벤션센터	西歸浦市 中文洞 2700（中文觀光路 224） 서귀포시 중문동 2700（중문관광로 224）	064-735-1000	82	免稅店
	餐	海鮮香格里拉 씨푸드 샹그릴라	西歸浦市 穡達洞 2950-5（中文觀光路 154-17） 서귀포시 색달동 2950-5（중문관광로 154-17）	[D] 1544-9886	85	中文穡達 海邊
	飲	Canopus 카페 카노푸스	西歸浦市 中文洞 2563-1（中文觀光路 198） 서귀포시 중문동 2563-1（중문관광로 198）	064-735-3000	83	
	逛	中文鄉土五日市場 중문향토오일시장	西歸浦市 中文洞 2123-1（天帝淵路 188 號街 12） 서귀포시 중문동 2123-1（천제연로 188 번길 12）	[D] 064-738-6831 [N] 064-735-3353	59	開場日： 3、8

分區	類	名稱	地址	電話	頁碼	備註
東海岸	逛	咸德五日市場 함덕오일시장	濟州市 朝天邑 咸德里 972-7 (咸德 16 街 15-13) 제주시 조천읍 함덕리 972-7 (함덕 16 길 15-13)	064-783-8559	59	開場日： 1、6
	飲	詩人之家 시인의 집	濟州市 朝天邑 朝天里 3086-1 (朝天 3 街 27) 제주시 조천읍 조천리 3086-1 (조천 3 길 27)	064-784-1002 010-9441-5439	89	
	景	北村石頭爺爺公園 북촌돌하르방공원	濟州市 朝天邑 北村里 976 (北村西 1 街 70) 제주시 조천읍 북촌리 976 (북촌서 1 길 70)	064-782-0570	88	
	餐	東福海女村 동복해녀촌	濟州市 舊左邑 東福里 1502-1 (東福路 33) 제주시 구좌읍 동복리 1502-1 (동복로 33)	064-783-5438	89	
	飲	山號 Sanho 산호	濟州市 舊左邑 金寧里 2464 (金寧路 2 街 20) 제주시 구좌읍 김녕리 2464 (김녕로 2 길 20)	064-782-7320	92	
	景	萬丈窟 만장굴	濟州市 舊左邑 金寧里 3341-3 제주시 구좌읍 김녕리 3341-3	064-710-7903	90	
	景	金寧迷宮公園 김녕미로공원	濟州市 舊左邑 金寧里 山 16 (萬丈窟街 122) 제주시 구좌읍 김녕리 산 16 (만장굴길 122)	064-782-9266	91	
	飲	成為鯨魚 고래가될	濟州市 舊左邑 月汀里 4-1 (月汀 7 街 52) 제주시 구좌읍 월정리 4-1 (월정 7 길 52)	070-4409-1915	95	月汀里海邊
	飲	月沙灘 달비치 카페	濟州市 舊左邑 月汀里 13 (迎日海岸路 474) 제주시 구좌읍 월정리 13 (해맞이해안로 474)	070-8147-0808 010-2717-6652	95	月汀里海邊
	飲	Lowa 로와	濟州市 舊左邑 月汀里 6 (迎日海岸路 472) 제주시 구좌읍 월정리 6 (해맞이해안로 472)	064-783-2240	95	月汀里海邊
	餐	這樣的日子裡 이런날엔	濟州市 舊左邑 漢東里 1358-4 (漢東北 1 街 60) 제주시 구좌읍 한동리 1358-4 (한동북 1 길 60)	070-4036-8013	93	
	飲	傻瓜 바보	濟州市 舊左邑 漢東里 1339-6 (迎日海岸路 1016) 제주시 구좌읍 한동리 1339-6 (해맞이해안로 1016)	064-783-4847	93	
	餐	日出休息站 해맞이쉼터	濟州市 舊左邑 坪岱里 2033-19 (迎日海岸路 1116) 제주시 구좌읍 평대리 2033-19 (해맞이해안로 1116)	064-782-7875	97	
	飲	Cafe Mani 카페 마니	濟州市 舊左邑 坪岱里 2033-1 (迎日海岸路 1112) 제주시 구좌읍 평대리 2033-1 (해맞이해안로 1112)	[D] 064-7129-7533 010-8675-4835	97	
	餐	明珍鮑魚 명진전복	濟州市 舊左邑 坪岱里 515-28 (迎日海岸路 1282) 제주시 구좌읍 평대리 515-28 (해맞이해안로 1282)	064-782-9944	96	
	景	海女博物館 해녀박물관	濟州市 舊左邑 下道里 3204-1 (海女博物館街 26) 제주시 구좌읍 하도리 3204-1 (해녀박물관길 26)	064-782-9898	98	
	逛	細花五日市場 세화민속오일시	濟州市 舊左邑 細花里 1500-5 (迎日海岸路 1412) 제주시 구좌읍 세화리 1500-5 (해맞이해안로 1412)	[D] 064-728-7762	59	開場日： 5、10
	飲	咖啡工作站 카페 공작소	濟州市 舊左邑 細花里 1477-4 (迎日海岸路 1446) 제주시 구좌읍 세화리 1477-4 (해맞이해안로 1446)	070-4548-0752	99	
	飲	咖啡村 카페동네	濟州市 舊左邑 終達里 841-1 (終達路 5 街 23) 제주시 구좌읍 종달리 841-1 (종달로 5 길 23)	070-8900-6621	100	
	飲	看不見海 바다는안보여요	濟州市 舊左邑 終達里 884-1 (終達路 5 街 31-1) 제주시 구좌읍 종달리 884-1 (종달로 5 길 31-1)	064-782-4518	101	
	逛	小心書房 소심한 책방	濟州市 舊左邑 終達里 737 (終達東街 29-6) 제주시 구좌읍 종달리 737 (종달동길 29-6)	010-6374-1826	101	
	餐	吾照海女之家 오조해녀의집	西歸浦市 城山邑 吾照里 3 (韓道路 141-13) 서귀포시 성산읍 오조리 3 (한도로 141-13)	064-784-0893	102	
	餐	大海之家 바다의집	西歸浦市 城山邑 吾照里 366-1 (迎日海岸路 2758) 서귀포시 성산읍 오조리 366-1 (해맞이해안로 2758)	064-784-8882	102	
	逛	B 日常雜貨店 B 일상잡화점	西歸浦市 城山邑 吾照里 747-1 (吾照路 95 號街 1) 서귀포시 성산읍 오조리 747-1 (오조로 95 번길 1)	010-5473-1202	103	

分區	類	名稱	地址	電話	頁碼	備註
東海岸	住	Slow Trip 슬로우트립	西歸浦市 城山邑 吾照里 741 (吾照路 85 號街 4) 서귀포시 성산읍 오조리 741 (오조로 85 번길 4)	010-3301-8793	248	
	景	城山日出峰 성산일출봉	西歸浦市 城山邑 城山里 114 (日出路 284-12) 서귀포시 성산읍 성산리 114 (일출로 284-12)	064-710-7923 064-783-0959	104	
	餐	景美休息站 경미휴게소	西歸浦市 城山邑 城山里 145-4 (日出路 259) 서귀포시 성산읍 성산리 145-4 (일출로 259)	064-782-2671	103	
	住	便當 Dosirak 도시락	西歸浦市 城山邑 城山里 196-2 (城山中央路 48) 서귀포시 성산읍 성산리 196-2 (성산중앙로 48)	[D] 010-7123-1698 [N] 010-4095-2525	249	
	逛	城山五日市場 성산오일시장	西歸浦市 城山邑 城山里 181-6 (城山中央路 37 號街 6) 서귀포시 성산읍 성산리 181-6 (성산중앙로 37 번길 6)	[D] 064-760-4281	59	開場日： 1、6
	逛	古城五日市場 고성 5 일시장	西歸浦市 城山邑 古城里 1182 (古城吾照路 93) 서귀포시 성산읍 고성리 1182 (고성오조로 93)	[D] 064-784-0332 [N] 064-760-4282	59	開場日： 4、9
	行	城山浦港綜合旅客碼頭 성산포항여객터미널	西歸浦市 城山邑 城山里 347-9 서귀포시 성산읍 성산리 347-9 (성산등용로 130-21)	牛島渡航城山碼頭 064-782-5671	183	牛島渡輪
	餐	海螺飯店 소라반점	濟州市 牛島面 演坪里 1747-4 (牛島路 1) 제주시 우도면 연평리 1747-4 (우도로 1)	064-782-0100	182	牛島
	餐	風園 풍원	濟州市 牛島面 演坪里 2427-1 (牛島海岸街 340) 제주시 우도면 연평리 2427-1 (우도해안길 340)	064-784-1894	183	牛島
	飲	Jimmy's 지미스	濟州市 牛島面 演坪里 317-2 (牛島海岸街 1132) 제주시 우도면 연평리 317-2 (우도해안길 1132)	010-9868-8633	182	牛島
	飲	Hello U-do 헬로우우도	濟州市 牛島面 演坪里 2572 (牛島海岸街 218) 제주시 우도면 연평리 2572 (우도해안길 218)	064-782-8488	182	牛島
	景	涉地可支 섭지코지	西歸浦市 城山邑 古城里 87 (涉地可支路 107) 서귀포시 성산읍 고성리 87 (섭지코지로 107)	064-782-2810	105	All in House
	景	Glass House 글라스하우스	西歸浦市 城山邑 古城里 46 서귀포시 성산읍 고성리 46	[D] 064-731-7773	106	涉地可支
	景	Genius Loci 지니어스 로사이	西歸浦市 城山邑 古城里 21 서귀포시 성산읍 고성리 21	[N] 064-731-7791	107	涉地可支
	景	Aqua Planet Jeju 아쿠아플라넷 제주	西歸浦市 城山邑 古城里 127-1 (涉地可支路 95) 서귀포시 성산읍 고성리 127-1 (섭지코지로 95)	064-780-0900	110	涉地可支 附近
	飲	旁迪 방디	西歸浦市 城山邑 古城里 209-2 (涉地可支路 48) 서귀포시 성산읍 고성리 209-2 (섭지코지로 48)	064-782-3541	110	涉地可支 附近
	景	金永甲藝廊頭毛岳 김영갑 갤러리	西歸浦市 城山邑 三達里 437-5 (三達路 137) 서귀포시 성산읍 삼달리 437-5 (삼달로 137)	064-784-9907	108	
	飲	山岳咖啡 카페오름	西歸浦市 城山邑 三達里 258-1 (三達路 128) 서귀포시 성산읍 삼달리 258-1 (삼달로 128)	064-784-4554	109	
	景	新川里福祉會館 신천리복지회관	西歸浦市 城山邑 新川里 478-7 (新川西路 5) 서귀포시 성산읍 신천리 478-7 (신천서로 5)	064-787-0157	111	風可支 壁畫村
	景	濟州民俗村博物館 제주민속촌박물관	西歸浦市 表善面 表善里 40-1 (民俗海岸路 631-34) 서귀포시 표선면 표선리 40-1 (민속해안로 631-34)	064-787-4501	112	
	逛	表善五日市場 표선오일시장	西歸浦市 表善面 表善里 1001-1 (表善東西路 203-1) 서귀포시 표선면 표선리 1001-1 (표선동서로 203-1)	[D] 064-760-2634	59	開場日： 2、7
	飲	Warang Warang 와랑와랑	西歸浦市 南元邑 為美里 875-1 (為美中央路 300 號街 28) 서귀포시 남원읍 위미리 875-1 (위미중앙로 300 번길 28)	070-4656-1761	114	
	飲	瑞英的家 서연의집	西歸浦市 南元邑 為美里 2975 (為美海岸路 86) 서귀포시 남원읍 위미리 2975 (위미해안로 86)	064-764-7894	115	
	逛	Labas Books 라바북스	西歸浦市 南元邑 為美里 3192-5 (太衛路 87) 서귀포시 남원읍 위미리 3192-5 (태위로 87)	010-4416-0444	116	

分區	類	名稱	地址	電話	頁碼	備註
東海岸	餐	Season Box 시즌박스	西歸浦市 南元邑 爲美里 1884-4 (太衛路 154) 서귀포시 남원읍 위미리 1884-4 (태위로 154)	070-7745-3577	198	爲美村 櫻花路
	餐	供川 59 공새미 59	西歸浦市 南元邑 新禮里 60-3 (公泉浦路 59-1) 서귀포시 남원읍 신례리 60-3 (공천포로 59-1)	070-8828-0081	116	
	飲	Yone 商會 요네상회	西歸浦市 南元邑 新禮里 30-6 (公泉浦路 83) 서귀포시 남원읍 신례리 30-6 (공천포로 83)	010-7737-0299	117	
	住	普通 보통	西歸浦市 南元邑 新禮里 70-1 (公倉浦路 47-1) 서귀포시 남원읍 신례리 70-1 (공천포로 47-1)	[D] 070-4258-4445 [N] 010-5913-4445	249	
西海岸	餐	做料理的木匠 요리하는목수	濟州市 涯月邑 舊嚴里 1235 (涯月海岸路 672) 제주시 애월읍 구엄리 1235 (애월해안로 672)	[D] 070-8900-2155	120	
	餐	Gobullak 고불락	濟州市 涯月邑 高內里 1164-1 (高內路 7 街 45-12) 제주시 애월읍 고내리 1164-1 (고내로 7 길 45-12)	064-799-0393	121	
	餐	紅池香草農場 붉은못 허브팜	濟州市 涯月邑 涯月 2052 (涯月海岸路 11) 제주시 애월읍 애월리 2052 (애월해안로 11)	[D] 064-799-4589 [N] 064-799-4583	121	
	餐	Slobbie 슬로비	濟州市 涯月邑 涯月里 1587 (涯月路 4) 제주시 애월읍 애월리 1587 (애원로 4)	064-799-5535	122	
	餐	Nolman 놀맨	濟州市 涯月邑 涯月里 2530 (涯月路 1 街 24) 제주시 애월읍 애월리 2530 (애월로 1 길 24)	064-799-3332	124	漢潭 海岸
	飲	春日 봄날	濟州市 涯月邑 涯月里 2540 (涯月路 1 街 25) 제주시 애월읍 애월리 2540 (애월로 1 길 25)	064-799-4999	124	漢潭 海岸
	飲	Monsant 몽상	濟州市 涯月邑 涯月里 2546 (涯月北西街 56-1) 제주시 애월읍 애월리 2546 (애월북서길 56-1)	064-799-8900	125	漢潭 海岸
	餐	花飯 꽃밥	濟州市 涯月邑 郭支里 1540-2 (日出西路 6059) 제주시 애월읍 곽지리 1540-2 (일주서로 6059)	064-799-4939	127	
	飲	Cafe Maggie 매기의추억	濟州市 翰林邑 歸德里 4142-1 (翰林海岸路 595) 제주시 한림읍 귀덕리 4142-1 (한림해안로 595)	070-7722-1876	126	
	行	翰林港渡船等候室 한림항도선대합실	濟州市 翰林邑 大林里 2019-17 (翰林海岸路 196) 제주시 한림읍 대림리 2019-17 (한림해안로 196)	064-796-7522	185	飛揚島 渡輪
	餐	小虎食堂 호돌이식당	濟州市 翰林邑 挾才里 3026 (飛揚路 284) 제주시 한림읍 협재리 3026 (비양도길 284)	064-796-8475	185	飛揚島
	逛	翰林五日市場 한림민속오일시장	濟州市 翰林邑 大林里 1698-4 제주시 한림읍 대림리 1698-4 (한수풀로 4 길 10)	064-796-8830	59	開場日： 4、9
	餐	寶榮飯店 보영반점	濟州市 翰林邑 翰林里 1305-16 (翰林路 692-1) 제주시 한림읍 한림리 1305-16 (한림로 692-1)	064-796-2042	127	
	飲	Anthracite 翰林 앤트러사이트	濟州市 翰林邑 東明里 1715 (翰林路 564) 제주시 한림읍 동명리 1715 (한림로 564)	064-796-7991	130	
	住	Gag House 객의 하우스	濟州市 翰林邑 挾才里 1893 (翰林路 381-3) 제주시 한림읍 협재리 1893 (한림로 381-3)	010-3013-3414	251	
	住	Jjolkit Center 쫄깃쎈타	濟州市 翰林邑 挾才里 1689-1 (挾才 1 街 27) 제주시 한림읍 협재리 1689-1 (협재 1 길 27)	010-3230-1689	250	
	景	挾才海邊 협재해변	濟州市 翰林邑 挾才里 2497-1 제주시 한림읍 협재리 2497-1	064-796-2404	128	
	飲	休止符 쉼표	濟州市 翰林邑 挾才里 1732 (翰林路 359) 제주시 한림읍 협재리 1732 (한림로 359)	064-796-7790	129	
	景	翰林公園 한림공원	濟州市 翰林邑 挾才里 2487 (翰林路 300) 제주시 한림읍 협재리 2487 (한림로 300)	064-796-0001	131	
	飲	The Got 그 곳	濟州市 翰林邑 金陵里 1395 (金陵街 65) 제주시 한림읍 금능리 1395 (금능길 65)	070-4128-1414	132	

分區	類	名稱	地址	電話	頁碼	備註
西海岸	景	可休息的岸 쉴만한물가	濟州市 翰林邑 月令里 435-4 (月令岸街 30) 제주시 한림읍 월령리 435-4 (월령안길 30)	064-796-3808	132	月令里仙人 掌自生地
	景	新昌風車海岸道路 신창풍차해안도로	濟州市 翰京面 新昌 1322-1 제주시 한경면 신창리 1322-1	定位：카페파람 010-8520-0702	133	
	景	水月峰 수월봉	濟州市 翰京面 高山里 3763 (彩霞海岸路 1013-70) 제주시 한경면 고산리 3763 (노을해안로 1013-70)	定位：고산기상대 [N] 064-773-0379	134	
	景	松岳山 송악산	西歸浦市 大靜邑 上摹里 山 2 서귀포시 대정읍 상모리 산 2	[D] 064-760-4022 [N] 064-120	136	
	行	馬羅島、加波島客輪 마라도·가파도여객선	西歸浦市 大靜邑 下摹里 2132-1 (下摹港區路 8) 서귀포시 대정읍 하모리 2132-1 (하모항구로 8)	064-794-5490	189	
	餐	弘盛房 홍성방	西歸浦市 大靜邑 下摹里 938-4 (下摹港區路 76) 서귀포시 대정읍 하모리 938-4 (하모항구로 76)	064-794-9555	135	
	飲	Un Cafe 앙카페	西歸浦市 大靜邑 下摹里 1051-1 (下摹港區路 75-1) 서귀포시 대정읍 하모리 1051-1 (하모항구로 75-1)	[D] 064-794-5871 [N] 010-9984-5871	135	
	逛	大靜五日市場 대정오일시장	西歸浦市 大靜邑 下摹里 1089-15 서귀포시 대정읍 하모리 1089-15 (신영로 36 번길 65)	[D] 064-760-4081	59	開場日： 1、6
	住	Lucid bonbon 루시드봉봉	西歸浦市 大靜邑 上摹里 2641-1 (上摹路 200-8) 서귀포시 대정읍 상모리 2641-1 (상모로 200-8)	010-3580-3089	252	
	住	Island 아이랜드	西歸浦市 大靜邑 寶城里 1612-4 (寶城下路 12-5) 서귀포시 대정읍 보성리 1612-4 (보성하로 12-5)	070-7096-3899	253	
	飲	Sea and Blue 씨앤블루	西歸浦市 安德面 沙溪里 2147-2 (兄弟海岸路 30) 서귀포시 안덕면 사계리 2147-2 (형제해안로 30)	064-794-5554	139	
	景	山房山 산방산	西歸浦市 安德面 沙溪里 山 16 서귀포시 안덕면 사계리 산 16	064-760-6321 064-794-2940	137	
	景	龍頭海岸 용머리 해안	西歸浦市 安德面 沙溪里 서귀포시 안덕면 사계리	064-794-2940	138	
	飲	77 Pong 치치퐁	西歸浦市 安德面 沙溪 116-7 (沙溪南路 216 號街 24-30) 서귀포시 안덕면 사계리 116-7 (사계남로 216 번길 24-30)	010-9536-1322	138	
	飲	Lazy Box 레이지박스	西歸浦市 安德面 沙溪里 177-5 (山房路 208) 서귀포시 안덕면 사계리 177-5 (산방로 208)	064-792-1254	139	
	景	安德溪谷 안덕계곡	西歸浦市 安德面 柑山里 서귀포시 안덕면 감산리	[D] 064-760-3942 [N] 064-794-9001	140	
	飲	魚咖啡 까페물고기	西歸浦市 安德面 倉川里 804 서귀포시 안덕면 창천리 804 (난드르로 25-7)	070-8147-0804	141	
中山間	景	漢拏生態林 한라생태숲	濟州市 龍崗洞 山 14-1 (516 路 2596) 제주시 용강동 산 14-1 (516 로 2596)	064-710-8688	150	
	景	濟州馬放牧場 제주마방목지	濟州市 龍崗洞 山 14-34 (516 路 2480) 제주시 용강동 산 14-34 (516 로 2480)	064-741-3533	150	
	景	寺泉自然休養林 절물자연휴양림	濟州市 奉蓋洞 山 78-1 (明林路 584) 제주시 봉개동 산 78-1 (명림로 584)	064-721-7421	151	
	景	獐鹿生態觀察園 노루생태관찰원	濟州市 奉蓋洞 山 51-2 (明林路 520) 제주시 봉개동 산 51-2 (명림로 520)	064-728-3611	151	
	餐	大樹下的休息站 낭뜰에쉼팡	濟州市 朝天邑 臥屹里 125 (南朝路 2343) 제주시 조천읍 와흘리 125 (남조로 2343)	064-784-9292	154	
	景	濟州石文化公園 제주돌문화공원	濟州市 朝天邑 橋來里 山 95 (南朝路 2023) 제주시 조천읍 교래리 산 95 (남조로 2023)	064-710-7731	152	
	景	Eco Land 主題公園 에코랜드테마파크	濟州市 朝天邑 大屹里 1221-1 (繁榮路 1278-169) 제주시 조천읍 대흘리 1221-1 (번영로 1278-169)	064-802-8000	153	

分區	類	名稱	地址	電話	頁碼	備註
中山間	景	思連伊林蔭道 사려니숲길	濟州市 朝天邑 제주시 조천읍	[N] 064-900-8800	155	
	景	山君不離 산굼부리	濟州市 朝天邑 橋來里 山 38 （欅子林路 768） 제주시 조천읍 교래리 산 38 （비자림로 768）	064-783-9900	156	
	景	拒文岳 거문오름	濟州市 朝天邑 善屹里 478 （善教路 569-36） 제주시 조천읍 선흘리 478 （선교로 569-36）	064-710-8981	157	
	景	欅子林 비자림	濟州市 舊左邑 坪岱里 3164-1 （欅子林街 62） 제주시 구좌읍 평대리 3164-1 （비자숲길 62）	[D] 064-783-3857 [N] 064-710-7912	160	
	景	Maze Land 메이즈랜드	濟州市 舊左邑 坪岱里 3322 （欅子林街 2134-47） 제주시 구좌읍 평대리 3322 （비자림로 2134-47）	064-784-3838	161	
	景	月朗峰 월랑봉	濟州市 舊左邑 細花里 山 6 제주시 구좌읍 세화리 산 6	064-710-3314	158	請同時比對 名稱、地址
	景	龍眼岳 용눈이오름	濟州市 舊左邑 終達里 山 28 제주시 구좌읍 종달리 산 28	[D] 064-710-3314	159	請同時比對 名稱、地址
	景	靜石航空館 정석항공관	西歸浦市 表善面 加時里 3795-2 （鹿山路 554） 서귀포시 표선면 가시리 3795-2 （녹산로 554）	064-784-5322	200	櫻花、油菜 花道
	景	濟州馬體驗公園 조랑말체험공원	西歸浦市 表善面 加時里 3149-33 （鹿山路 381-15） 서귀포시 표선면 가시리 3149-33 （녹산로 381-15）	064-787-0960	162	
	景	涯月小學多樂分校 애월초등학교 더럭분교	濟州市 涯月邑 下加里 1580-1 （下加路 195） 제주시 애월읍 하가리 1580-1 （하가로 195）	064-799-0515	164	
	景	曉星岳 새별오름	濟州市 涯月邑 奉城里 山 59-3 제주시 애월읍 봉성리 산 59-3	[D] 064-728-4075	165	
	景	城邑民俗村 성읍민속마을	西歸浦市 表善面 城邑里 987 서귀포시 표선면 성읍리 987	064-787-1179	163	
	景	聖依西多牧場 성이시돌목장	濟州市 翰林邑 今岳里 142 （今岳東街 35） 제주시 한림읍 금악리 142 （금악동길 35）	064-796-0396	166	
	餐	美味和鶴鶉 만나와메추라기	濟州市 翰京面 楮旨里 1519-6 （中山間西路 3594） 제주시 한경면 저지리 1519-6 （중산간서로 3594）	[D] 064-772-3255	169	
	飲	五月花 오월의꽃	濟州市 翰京面 楮旨里 2989-1 （綠茶盆栽路 542） 제주시 한경면 저지리 2989-1 （녹차분재로 542）	064-772-5995	168	
	景	濟州現代美術館 제주현대미술관	濟州市 翰京面 楮旨里 2114-63 （楮旨 14 街 35） 제주시 한경면 저지리 2114-63 （저지 14 길 35）	064-710-7801	167	
	飲	紅色郵筒 빨간우체통	西歸浦市 大靜邑 新坪里 80-21 （中山間西路 2573-1） 서귀포시 대정읍 신평리 80-21 （중산간서로 2573-1）	064-792-6767	172	
	景	O´sulloc 綠茶博物館 오설록 티 뮤지엄	西歸浦市 安德面 西廣里 1235-1 （神話歷史路 15） 서귀포시 안덕면 서광리 1235-1 （신화역사로 15）	064-794-5312	170	
	景	Innisfree House 이니스프리 하우스	西歸浦市 安德面 西廣里 1235-3 （神話歷史路 425） 서귀포시 안덕면 서광리 1235-3 （신화역사로 425）	064-794-5351	170	
	景	方舟教會 방주교회	西歸浦市 安德面 上倉里 427 （山麓南路 762 號街 113） 서귀포시 안덕면 상천리 427 （산록남로 762 번길 113）	064-794-0611	173	
	景	本態博物館 본태박물관	西歸浦市 安德面 上川里 380 （山麓南路 762 號街 69） 서귀포시 안덕면 상천리 380 （산록남로 762 번길 69）	064-792-8108	174	
	景	Camellia Hill 카멜리아힐	西歸浦市 安德面 上倉里 271 （教岳路 166） 서귀포시 안덕면 상창리 271 （병악로 166）	064-792-0088	176	

ACROSS 系列 024

慢遊濟州島／不走尋常路的祕境風景

作　　　者 — 黃小惠
主　　　編 — 陳信宏
責 任 編 輯 — 尹蘊雯
責 任 企 畫 — 曾睦涵
美 術 設 計 — 我我設計 wowo.design@gmail.com
地 圖 繪 製 — 曹雲淇

總 編 輯 — 李采洪
發 行 人 — 趙政岷
出 版 者 — 時報文化出版企業股份有限公司
　　　　　　10803　臺北市和平西路 3 段 240 號 3 樓
　　　　　　發 行 專 線 —（02）23066842
　　　　　　讀者服務專線 —（0800）231705 ·（02）23047103
　　　　　　讀者服務傳真 —（02）23046858
　　　　　　郵撥 — 19344724　時報文化出版公司
　　　　　　信箱 — 臺北郵政 79~99 信箱
時 報 悅 讀 網 — http://www.readingtimes.com.tw
電 子 郵 件 信 箱 — newlife@readingtimes.com.tw
時報出版愛讀者粉絲團 — http://www.facebook.com/readingtimes.2
法 律 顧 問 — 理律法律事務所 陳長文律師、李念祖律師
印　　　刷 — 詠豐印刷有限公司
初 版 一 刷 — 2016 年 3 月 25 日
初 版 二 刷 — 2019 年 5 月 28 日
定　　　價 — 新臺幣 360 元
（缺頁或破損的書，請寄回更換）

時報文化出版公司成立於一九七五年，
並於一九九九年股票上櫃公開發行，於二○○八年脫離中時集團非屬旺中，
以「尊重智慧與創意的文化事業」為信念。

慢遊濟州島／不走尋常路的祕境風景 / 黃小惠 著；
‐‐ 初版 . ‐ 臺北市：時報文化, 2016.3
面；　公分 . ‐ (ACROSS；024)

ISBN 978-957-13-6562-6(平裝)

1. 旅遊 2. 韓國濟州島

732.7999　　　　　　　105002281

ISBN 978-957-13-6562-6
Printed in Taiwan